WIZARD

不動産王

REAL ESTATE TITANS

世界の巨人たちから学ぶ
成功のための七つの教え

7 KEY LESSONS FROM THE WORLD'S TOP REAL ESTATE INVESTORS
BY EREZ COHEN

エレーズ・コーエン［著］

長岡半太郎［監修］　井田京子［訳］

Pan Rolling

Real Estate Titans : 7 Key Lessons from the World's Top Real Estate Investors
by Erez Cohen

This translation published under license with the original publisher John Wiley & Sons, Inc. through Japan UNI Agency, Inc., Tokyo

監修者まえがき

本書はエレーズ・コーエンの著した〝Real Estate Titans：7 Key Lessons from the World's Top Real Estate Investors〟の邦訳である。コーエンはアメリカ国内外の有力不動産投資家にインタビューし、結果を本書にまとめている。さて、投資において最も重要なのは、対象資産のキャッシュフロー生成能力の見極めである。一般に有価証券投資が未来の不確実な予測・推定に依拠するのと異なり、不動産投資では可視化された現在の事実に基づいてそれを行う。これが両者の決定的な違いである。

また、不動産投資に必要な知識には汎用性がある。現に本書に登場する多くのインタビューイーは実質的に同じことを述べている。つまりそれは、この世界には正解が存在し、私たちは実践を通してそれを学び知識や技術を高められるということを意味する。さらに、不動産は個人が融資を得られるほぼ唯一の投資資産でもある。このため、不動産は本書に登場する巨人たちのみならず、個人投資家にも親和性が非常に高い投資対象である。

ところで、金融庁が二〇一九年に発表した報告書「高齢社会における資産形成・管理」は、いわゆる「二〇〇〇万円問題」として、誤解を招く表現で報道された。だが、全文を読めば分かるとおり、それは極めて論理的で現実的な分析・提案である。これによると、典型的な世帯において将来不足する平均金額は毎月約五万円とされている。事実、勤労者なら「あと五万円、別に収入があればどれだけ楽だろうか」とだれしも思うだろう。給与所得以外の五万円はとても大きな意味を持ち、それがあれば人の経済的な悩みの多くは解決されることになる。自分の判断と行動次第で状況を改善できる不動産投資は、そのささやかな願いをかなえる有力な手段の一つである（グローバルに見ると、不動産が割安な日本では都心の築浅区分マンション投資のような保守的な選択によってすら、それは可能だろう）。実際にやってみれば分かるが、不動産は株式などよりもはるかに安心で堅実な資産形成に適しており、投資初心者にはなおさらである。本書はすでに不動産投資を行っている人にとってはその行動指針の答え合わせであり、これから始めようとしている人にとっては行く先を照らす心強い灯りである。

翻訳にあたっては以下の方々に感謝の意を表したい。まず井田京子氏には読みやすい翻訳をしていただいた。そして阿部達郎氏は丁寧な編集・校正を行っていただいた。また本書が発行の機会を得たのはパンローリング社社長の後藤康徳氏のおかげである。

二〇二〇年一〇月

長岡半太郎

CONTENTS

目次

シュロモとエドナに捧げる

謝辞

私の旅には、多くの素晴らしい人たちの助けがあった。彼らの数えきれないほどの励ましと支持に深く感謝している。

まず、本書のためのインタビューに応じ、彼ら独自の知恵を世界に紹介することを快諾してくれた不動産の巨人たちにお礼を言いたい。

また、本書執筆は、私の仕事人生の指針であるピーター・リンネマン博士のひらめきと知性と支援がなければ実現しなかった。博士の驚異的な洞察からの学びは尽きることがなく、彼を友人と呼べることを心から幸せに感じている。

ほかにも、二人のメンター兼親友――指導力とリーダーシップを発揮してくれるビジネスパートナーのエイム・ラーラと、助言と楽観主義をもたらしてくれるジェラルド・ルイス――に感謝している。

私の兄弟たちやそのほかの家族にも、さまざまな支援をしてもらった。

友人や業界の仲間にも感謝している。アイザック・サットン、サロモン・サットン、アラン・バラクとサンディー・オブシャロム、バランとプージャ・マメン、アマンとアムリタ・クマー、イバンカ・トランプとその家族、アルカレイ家、オブシャロン家、アンドリューとアニー・ストレンク、トニー・ロビンス、マーク・アナスタシ、ブライアン・ザラジアン、ヨエル・アミール、ジリ・ライヒスタイン、アトゥール・ナラヤン、ナタリー・ビレム、ジョージ・マーゲイン、ロドリゴ・スアレス、オリビア・シュミッド、アイケル・デルマー、ダグラス・ケイン、ジェローム・フーロン、ジェラルド・マーケル、クリフォード・ペイン、デビッド・オロウィッツ、エリアス・ファスジャとその家族、ジェイム・ファスジャ、ジミー・アラカンジ、サンドー・バルナー、ダグラス・リンネマン、アスカ・ナカハラ、ジェフ・セレン、ローラ・フィゲロア、ジョナサン・シズモア、ジェーソン・チャウ、アリエル・ティガー、ブランカ・ロドリゲス、ジョセフィーナ・モイセス、ガブリエル・パトリック、マルガリータ・インファンソン、アディ・ウエインスタイン、ライマン・ダニエルス、デビッド・ダニエルス、ブルース・キヤシ、オースティン・ネツレイ、リカルド・サバンテス、リカルド・ズニーガ、エイドリアン・アギレラ、ヘクター・ソーサ、フェルナンド・デルガド、アーシュラ・グエラ、サンティアゴ・コラーダ、ホセ・アスケナチ、ホセ・コーエン、ダニー・イスビツキ、ジェニファー・スカイラコス、ビンス・チャマスロー、マルコス・サンド、サイモン・クート、ギレルモ・リベラ、ロドリゴ・ロペス、カレン・サンビセンテ、ジョージ・レベントマン、エブラハム・ガルシア、モリシオ・ダランテ、セバスチャン・ゴンザレス、エンリケ・メンデス、ジュリアナ・ローマン、フランシスコ・ナバーロ、ギハン・ネーメ、アルバ・メディナ、ロレンツォ・バーホ、モーリシオ・カリファ、ジョージ・ヘンリケス、エリザベス・ベル、アーロン・クレイグ、リー・リベイロ・ドゥ・オリベイラ、グレイド・ノロンハ、エミリー・ウォルター、パティー・アギラー、カレン・ヘンダーソン、ベス・メリック、アンジェラ・サイアンドラ、アネット・バーガス、デビー・ラーソン、ビアンカ・レダーマン、ドリス・ゴールディク、ジョセフ・ワーマン、マーク・ラック、ピーター・ブード、ベンジャミン・L・シャインワルド、ウェズリー・ウィタカー、そしてフェデリコ・マーティン・デル・コンポ。

最後に、ビジネスと不動産への情熱を共有してくれたウォートンスクールの不動産コースのクラスメートたちに感謝し、敬意を表したい。

はじめに

「この取引はきっと成立するわ」。イバンカ・トランプの魅惑的な笑顔がゆっくりと私のほうに近づいてきた。

私は驚いた。彼女には、私に見えない何かが見えているのだろうか。トランプタワーの二五階にある荘厳な内装の事務所で、汗びっしょりの私は場違いな気分になっていた。数えきれないほどたくさんの投資家に断られた案件が、今さら動き出すなどということがあるのだろうか。最初から楽観していたわけではなかった。それでも、小さなイライラが募って、圧倒的な無気力感に押しつぶされそうになっていた私は、タオルを投げる寸前まで来ていた。この案件を実行するのは難しすぎたようだ。どのような提案をしても、どれほど付加価値を高めても、話を進めたいという投資グループは見つからなかった。

彼女の意外な熱意と自信に、私は何か聞き漏らしたことがあるのではないかと思った。イバンカ・トランプがみんなとは違う発想をしていることは明らかだった。彼女の考え方が、不動産の巨人たちのそれと同じだと気づいたのは、それから何カ月もあとのことだった。

彼女はその強い心、目を見張る仕事への熱意、明晰さ、高い処理能力をはじめとするさまざまな資質を発揮して数人の投資家を説得し、ほんの二～三週間のうちに合意を取りつけてしまった。

これは二〇一〇年の夏、私がこの世界で仕事を始めて間もないころだった。そして、このことは私が不動産の世界の一流プレーヤーたちに直接出会う機会となった。この経験によって、私の不動産への情熱はさらに大きくなり、この道を探求する旅に出ることを決意した。

世界中の不動産の巨人たちから学びたい

大学を卒業した私は、ニューヨークの大手投資銀行に入った。パートナーたちは、おそらく外交官だった父に子供のころから教え込まれた私の忍耐力と交渉力に期待したのだと思う。

そこで、運なのか運命なのかは分からないが、私は不動産部門に配属された。仕事を始めて二～三日後、同僚が水色の表紙の不動産の教科書を手渡してくれた。ピーター・リンネマン博士の『不動産ファイナンス大全――機会とリスクのマネジメント』(日本経済新聞出版)だった。この本が、私の不動産愛に火をつけ、その愛は今日まで続いている。私はこの本によって、機関投資家が不動産投資という厳しい仕事をしていくうえで必要な不動産財務の基礎知識と専門用語を身につけることができた。

しかし、この分野の「偉人たち」から学ぶ決意をしたのは、イバンカ・トランプと仕事をしたのがきっかけだった。私は、自分が知りたいこと――①巨人たちはどのような動機から懸命に働いて、桁外れの成功をつかむことができたのか、②巨人たちが特大の成功を収める推進力となったのは主にどのような要素や特性か、③巨人たちはどのようにして少ない資源で多くのライバルたちよりもはるかに大きな成功を収めたのか――の答えを業界の偉人たちから直接聞くために、最大限の努力をすると決め、一〇年かけてそれを実現した。

私は、この探求の旅を通じて、不動産の巨人たち――リチャード・ザイマン、リチャード・マック、ロナルド・タウィリガー、チャイム・カッツマン、エリー・ホーン、ジョセフ・シット、アース・レダーマン、ドナルド・トランプとその子供たち、カルロス・ベタンコート、ロニー・チャン、バリー・スターンリット、サム・ゼル、スティーブン・ロス、ジョナサン・グレー、スティーブ・ロス、デビッド・サイモンほか――と出会うことができた。

「毎朝起きたときに、自分のやっていることが好きだと思えることは、生活の質と仕事の成果に直接的な影響を及ぼす」と不動産の巨人の一人であるアース・レダーマンは言っていた。リチャード・マックは、「どのような取引でも、その下方リスクを知ることのほうが潜在利益を知ることよりもはるかに大事」だと教えてくれた。そして、サム・ゼルからは優れたリスクマネジャーならば「けっして自分が所有する資産や会社に心を奪われない」ことを学んだ。

最初はほとんど知識がなかった私だったが、一〇年間に偉人たちから学んだ何百もの洞察を得たおかげで、メキシコやアメリカやブラジルで延べ一一〇万平方メートル以上、金額にして三五億ドルを超える不動産案件に直接携わることになった。

私は、ロサンゼルスにある不動産のマスターマインド・グループの仲間と、年に一回旅行に行っている。そのとき、不動産の仕事をしている大金持ちの友人から「エレーズ、君は不動産の本を書くべきだ。世界中の最高の不動産投資家から教えてもらったヒントをみんなに紹介すべきだよ。そんな経験をした人はあまりいないからね」と言われた。

「それは悪くないね」と私は迷いながら答えた。

「タイトルは不動産の巨人かなあ」

不動産に関する知恵を広める

ギリシャ神話で、タイタン（Titans）とは神々のことである（本書の原題は「Real Estate Titans」）。そのなかの一人であるプロメテウスは、人類を助けるために火を与え、その使い方を教えた。それと同じように、本書に登場する巨人たちも不動産に関する重要な知恵を読者に分け与えると決意してくれた。

本書には、二つの目的がある。一つ目は、現代の巨人たちのエピソードや教えを通じて、不動産が重要かつ素晴らしいビジネスであることを理解してもらうことである。

素晴らしい理由は、私が個人的に不動産ほど魅力的で、刺激的で、楽しくて、見返りも大きい仕事はないと思っているからだ。例えば、この仕事は市や地域や家の周りや道の見た目や機能を変えることができる。また、人々が暮らしたり、仕事をしたり、楽しんだりする空間を美しくデザインすることもできる。また、市と組んで仕事を生み出したり、新しいインフラを整備したりすることもできる。それ以外にも、投資手段を生み出して公開したり、機関投資家から資金を集めてさまざまな場所に投資したりすることもできる。異なる民族や宗教や国や学歴の人たちと、交流しながら仕事をしたり、世界各地とかかわったりすることもできる。不動産の可能性は果てしなく広がっているのだ。

不動産の世界に入る方法は無数にある。起業家にとっては、最高の分野と言えるだろう。莫大な資本がなくても、才覚さえあれば仕事を始めることができる。融資を受けたり、友人や家族の資金を借りたり、他人の資金を使うこともできる。また、所有する資産がたった一つでも、一〇〇〇でも、この仕事はできる。

不動産が重要な理由は、地球上のすべての人が毎日かかわっているものだからだ。不動産は、私たちの日々の暮らしの一部であり、経済のなかで不可欠な役割を果たしている。歴史的に見ると、これは富を得るための最大の資源であり、世界中のほとんどの家族にとっての貯蓄でもある。学者のなかには、この二〜三世紀で最も大きな富を生み出した資産クラスだと言う人もいる。

不動産は、世界最大の資産クラスでもある。国際的な不動産仲介とアドバイザリーを手掛けるサビルズによると、二〇一七年における世界の不動産の価値は二二八兆ドル（**図1—1**参照）

図Ⅰ－1　世界の不動産の価値

不動産	
住宅用	168.5兆ドル
商業用	32.3兆ドル
農地と森林	27.2兆ドル
	228.0兆ドル

出所＝サビルズ

に上っている（サビルズ・ワールド・リサーチ・リポート、二〇一七年一二月）。この数字は、世界中で取引されているすべての株や債務証券の価値を三割以上上回っており、このことは世界中の経済における不動産の重要性を示している。同リポートには、この壮大な数字が、世界中のＧＤＰ（国民総生産）の二・八倍に達していることも書かれている。

二つ目の目的は、世界の一流プロから学んで、読者により知識のある不動産プレーヤーになってもらうことである。何年も前に、私のメンターの一人が、成功するための最善の方法はどのような分野でも、その世界の最高の人を探し、その人をモデルにすることだと教えてくれた。それが、本書でやろうとしていることである。自分で一から学ぶよりも、最高の人を見つけて、その人たちからできるかぎり吸収すればよいのだ。本書には、不動産業界の起業家たちの興味深いエピソードや教えと、何をすべきか、そして、何をすべきでないのかについて、これ以上は望めないほどのアドバイスが書かれている。

また、本書では私がインタビューを通じて導き出した七つの教えも紹介している。これらの教えのなかには、私が仕事やインタビューで出会った不動産の巨人たちから感じた主な特徴や性格と、彼らに成功をもたらした戦略の重要な要素なども含まれている。

もしこの七つの教えをあなたの不動産事業に取り入れ、それぞれの教えの最後に記した練習問題を行っていけば、売り上げが増え、あなたの不動産会社の価値は数カ月で上昇し始めると思う。これまで経験したことがないような成長が始まれば、その勢いは簡単には止めることができないはずだ。

不動産の巨人たちとの旅を楽しんでほしい。

第1部 不動産の巨人へのインタビュー

　これらのインタビューは、世界で最も成功している不動産投資家たちの知恵を紹介する目的で行ったものである。ただ、彼らの興味深いエピソードからは、不動産投資が理論と経験に基づいて行うもので、同じことをしてもうまくいく人とうまくいかない人がいるということも理解してほしい。不動産の取引や問題の答えは、けっして一つではない。私は、読者が巨人たちの知恵を基にして、不動産の長くて刺激的な旅への一歩を踏み出したり、歩んでいったりしてほしいと思っている。

　これらのインタビューは、読者が不動産の基本用語――YOC（イールド・オン・コスト）、IRR（内部収益率）、キャップレート、レバレッジなど――を知っているものとして書いている。ただ、もし分からない用語があれば、巻末の用語集に載せた定義と説明を参考にしてほしい。

第1章

リチャード・マック

マック・リアル・エステート・グループ
アメリカ合衆国ニューヨーク州ニューヨーク
Richard Mack
Mack Real Estate Group

取引の潜在的な下方リスクを理解する

現代ポートフォリオ理論の基本原則は、代替資産を取り入れてポートフォリオを分散することである。洗練された投資家にとって、最も一般的な代替投資の一つに不動産がある。不動産は、インフレの部分的なヘッジになるだけでなく、安定的なキャッシュフローが期待できる。不動産投資の世界で、機関投資家にとって最も魅力があるのは、おそらくプライベートエクイティの分野だと思う。不動産プライベートエクイティファンドは多額の資本を集めており、二〇一七年末の運用資産は史上最高の八一一〇億ドルに達している（二〇一八年のプリクイン・グローバル・リアル・エステート・リポート）。不動産プライベートエクイティファンドの巨人の一人がリチャード・マックである。

彼自身の言葉より

私の成績は、高校時代は学年トップだったが、大学では違った。大学では、楽しんで、フラタニティを経験し、専攻分野以外で創造的思考を発揮したかったのだと思うが、元々勤勉な私は、あとではもっと学科の勉強をすれば良かったと後悔した。大学に入学したとき、父はデベロッパーとしてかなり成功していた。そして、卒業した当時は、事業で成功した人の息子は使えない人間だと世間ではみなされていた。だから仕事を始めたとき、私は自分の力を証明しなければならないと感じていた。

私は、ペンシルベニア大学ウォートンスクールを卒業後、幸運にもシェアソン・リーマン・ハットンで職を得た。みんなの期待とは裏腹に、私は常に父の会社で働いていたわけではなかったし、父の世話で最初の職を得たわけでもなかった。幸い、私はシェアソン・リーマン・ブラザーズの不動産投資銀行グループでマネジングディレクターをしていたビル・カーンと知り合った。彼は私に賭けてくれた。もしかしたら、私が熱心に働き、不動産投資に熱意を持っていたことが分かったからかもしれない。あるいは、私の父と仕事がしたかったのかもしれない。いずれにしても、彼は私に仕事をくれ、不動産投資銀行は私に合っているように思えた。私は、自発性と創造性と勤勉さが求められることがずっと好きだった。また、子供のころから食卓での会話を聞いて不動産開発について多くを学び、自分にはこの分野の才能があるような気がしていた。こうして、私は不動産の世界に入った。

一九八〇年代末の不動産投資銀行業務の利益は、不動産の加速度償却を利用した税のシンジケーション、つまり税アービトラージから上がっていた。しかし、これらの抜け穴は一九八六年にすべてなくなってしまい、一九八〇年代末になると不動産投資銀行部門は縮小された。一九九〇年、仕事を始めたばかりの私は再スタートを余儀なくされた。それから六カ月間で、シェアソンの不動産投資銀行部門では大量の社員が解雇され、五人いたマネジングディレクターのうちの四人とそれぞれのチームが辞職を迫られた。一人残ったマネジングディレクターは、私を面接すらしなかった。私が「金持ちの子供」だったからだ。

幸い、私は先制して二つの行動をとっていた――①シェアソンの施設部でサマーインターンをしたときの上司と連絡をとった、②法科大学院に願書を出した。次の仕事が決まったすぐあとに、法科大学院に合格した。

当時のシェアソンはアメリカン・エキスプレスが所有しており、施設部は両社で共有していた。ここでの勤務は短かったが、このとき得た教訓はけっして忘れない。施設部で最も興味深く、もっとも刺激的だった案件は、不動産リース市場が非常に弱気になっていた時期に経験した。あるとき、アメリカン・エキスプレスの賃貸契約更新の交渉で、ニューヨークのロングアイランドにあるビルのオーナーのところに行くことになった。世界最大の会社の一つであるアメリカン・エキスプレスは、ロングアイランドの配送センター兼オフィスビルにコンピュータのバックアップシステムを持っていた。オーナーが賃貸料を三倍にしても、アメリカン・エキスプレスは契約を更新するしかなかった。機器の移転コストのほうが高くついたからだ。それでも、私は市場の低迷を理由に、賃貸料の大幅な値下げ交渉に成功した。この経験から、私は不動産取引における情報の力を実感した。また、それがテナントにとってどのような意味を持ち、企業やユーザーが不動産を検討するときに何に注目するか、ということにも気づいた。

大チャンス

一九〇〇年代初めは、不動産業界にとっては苦しい時期だった。ロースクールの卒業を控えていた私に、リオン・ブラックと共同で不動産プライベートエクイティファンドに進出しようとしていた父が声をかけてくれた。彼らは、五億ドルを出資してアポロ・リアル・エステートというファンドを設立し、アメリカとヨーロッパで、まだ実績がない「ディストレスト」投資という不動産プライベートエクイティの概念を試そうとしていた。これは素晴らしい経験だった。不動産投資会社設立の初期段階から参加し、不動産プライベートエクイティビジネスの誕生と不動産におけるエクイティ投資やデット投資の良いときも（こちらが圧倒的に多かった）悪いときも経験することができたからだ。

私はこれまでに、世界中で一六〇億ドルを超える不動産投資の取引にかかわってきて、その資産価値は八〇〇億ドルを超えていると思う。ファンドの仕事は途方もなく面白くて儲かるが、私が初めて大金を儲けたのはエクイティ投資ファンドの仕事ではなかった。これは私が個人的に行った取引で、機を見ることの価値と、自分でリスクをとる準備ができていないときに他人（例えば、ファンドの投資家）に頼らないことの大事さを教えてくれた。

二〇〇〇年代半ばに、私はニューヨーク郊外のモントークに土地を買った。ここには携帯電話の基地局として使われている塔が三本立っており、そこから地代が入った。電波塔はテナントが所有していたが、借地契約の更新期間は非常に短かった。当時、ほかの買い手は、テナントが塔を移したり、通信衛星によって基地局が不要になったりすることを心配していた。私は技術的なことは分からなかったが、町がこれらの塔を別の場所に移すのを許可しないことは分かっていた。結局、この土地はキャッシュフローの六倍で買うことができ、魅力的な価格だと思った。私は、携帯電話の利用が増えることと、衛星はコストが高すぎることに賭けたのだ。モバイル通信の時代が始まろうとしていた時期だった。

この土地は、投資を希望したパートナーと共同で買った。私はリコースローンを借りなければならなかったため、個人的な担保を差し入れる必要があった。幸い、私の熱意と努力が報われ、私たちの予想は当たった。基地局の需要は急騰したのだ。

良かったのは、この近くに競合する電波塔がないうえ、町は新たな塔の建設を許可しなかったことだ。そこで、私はこれらの塔の権利を取得した。テナント収入が通信会社からの直接収入になったことで、ＥＢＩＴＤＡ（利払い前・税引き前・減価償却前利益）は四倍になった。あとから考えると、これは単純な投資だったが、土地を買ったときはリスクの高い判断に見えた。その証拠に、ノンリコースローンを受けることができなかった。銀行の融資を受けるため、私は人生のすべてを捧げなければならなかった。それでも信じて賭け、運に恵まれた。結局、ＮＯＩ（営業純利益）が劇的に増えただけでなく、のちにこれらの塔は一四倍で売れた。

この取引の教訓は、不動産価格は短期間、価値とかけ離れていても、市場で見過ごされている場合があるということだ。市場の変化や、技術が変化をもたらすことに気づくことができれば、それがいずれ不動産の価値も動かすことに早めに気づくことができる。このプロジェクトの成功は大きな自信になった。私は、それまで学んだ教訓を、それまでに私に資金を託してくれるようになった多くのパートナーたちのために生かそうと思った。

ポーランドでの仕事

私のお気に入りの取引の一つは、二〇〇四年にポーランドで行ったもので、これはポーランドがＥＵ（欧州連合）に加盟する直前の時期だった。メトロという会社が、ポーランド各地のショッピングセンターに投資しているポートフォリオを売却しようとしていた。彼らは、売却益を使って中国に投資しようとしていた。

これらのショッピングセンターは、メトロのテナントだった大型小売店や大型専門店に合わせて建設されていた。メトロは、大型スーパーマーケットや電器店やホームセンターや安売り衣料品店や大型スポーツ用品店などのテナントと契約しており、さらにマクドナルドやビデオ店やそのほかのサービス店などを加えて大型ショッピングセンターを運営していた。ただ、メトロはさまざまな小売店をポーランドに誘致して先行者利益を得るためにこれらのセンターを建設しただけで、長期的に所有していくつもりはなかった。彼らには不動産よりもほかに資本の良い使い道があり、ポーランドの実物資産から手を引きたがっていたのだ。彼らは、このポートフォリオをＲＥＩＴ（不動産投信）としてポーランドの証券取引所に上場しようとしていたが、それに失敗したため、投げ売りすることにした。これによって、私たちは有利な取引が可能になった。結局、私たちはこれらのショッピングセンターを七億七五〇〇万ユーロで買って、一年後には八億四〇〇〇万ユーロに借り換えることができたし、ポーランドがＥＵに正式に加盟したときには資産の五〇％をさらに高く売却した。このポートフォリオは長年保有し、年率一〇〇％を超えるリターンを生み出し、価格は五倍になった。この取引がうまくいったのは、私が天才だったからではなく、ポーランドにおいて正しい時期に投資したことと、ミツナー家という正しいパートナーを得たからだった。メトロは急いで売りたいが、長く保有してくれる信頼できるポーランドの経験豊富な所有者を探していたため、私たちが選ばれたのは自然なことだった。私たちはミツナー家と共同でアポロ・リダを設立し、このチャンスに臨んでいたからだ。

この取引のきっかけとなったのは、一九九六年に有名なポーランドの元プロテニスプレーヤーのボイチェフ・フィバクにつれられて初めてポーランドに行ったことだった。この旅行のあと、私はこの国はけっして共産主義には戻らないと確信した。ただ、当時は世界中がそう思っていたわけではなかった。

また、現地の不動産関係の人たちはみんな経験が浅いだけでなく、あろうことか外国人投資家につけこもうとしていた。幸い、私たちはミツナー家とつながりを持っていた。一家の家長はホロコーストを生き延びてワルシャワに戻った人物だった。

アポロ・リダは、初めてのオフィスビルをポーランドに建設した。これは、負債がない場合のイールド・オン・コストが一八％という西側では聞いたことがないような話だった。このあと、たくさんの開発や買収を手掛け、このなかには韓国の大宇から買ったワルシャワ・トレード・タワーも含まれていた。

一九九六年、私はポーランドが旧西側諸国に近づいていくことに賭けた。EU加盟を認められ、市場は縮小ではなく拡大していき、これらの物件の価値も上がっていくと考えたのだ。ただ、投資をするためにはパートナーたちを説得する必要があり、これは簡単ではなかった。彼らに、これが抵抗し難い案件だと思わせなければならなかった。

私は、ポーランドにいる間に膨大な数のチャンスを見つけた。需給バランスがかなり崩れていたのだ。私が集めた情報から推測すると、需要は供給の四～五倍になっていた。私に透視力があったのではない。このことは、オフィスビルや倉庫やショッピングセンターや人々を見ていても分からないが、ミツナー家と一緒にかなりの時間をかけてブローカーや市場コンサルタントやテナントや顧客たちの話を聞いて分かったことだ。現地のリース仲介業者が持っていた物件を探しているテナントのリストには、主要なクレジットカード会社が並んでいた。彼らの需要は、近代的なビルの在庫をはるかに上回っていたのだ。

当時、多くの投資家は弱気で、ポーランドがいずれ共産主義に逆戻りして、投資先が没収されることを心配していた。しかし、私は新聞に書かれていることや、テレビに出ている学者の話よりも、現地で暮らしている人たちの話を聞きたかった。私たちは、中流階級が拡大していることや、安い労働力があることなどについて検討した。ここで集めた情報は刺激的だった。そして、安くて教養のある労働者がいることと、多くの人たちが旧西側の製品を求めていることは、この国で生産と販売を望む多国籍企業を必ず引き付けると結論づけた。

私はみんなから「ポーランドは共産主義に戻るのか」と聞かれた。私はまだ若造だったが、この国の将来を決めるのは、私の世代の人たちだった。彼らは自由と繁栄を望んでおり、そのために懸命に働く覚悟ができているように見えた。現地に行き、たくさんの人たちと話をしたことで、私はポーランドが共産主義に戻らないほうに安心して賭けることができた。

この事業は、初めてこの国を訪れてから二〇年以上たった二〇一八年に、最後の部分を売却した。それまでやそのあとの案件と同様に、このときも情報が大きな強みになることを実感した。現地に実際に行って集めた知識にかなうものはないということだ。

現地の知識

投資はたいていマクロで儲かる。正しいトレンドをつかむことができれば、トレンドはフレンドになるのだ。一九九〇年代に整理信託公社（ＲＴＣ）から不動産を買った件は、そういう素晴らしいマクロの賭けだった。不動産のマクロの賭けは、タイミングにかかわる循環的な賭けで、市場が均衡しているときに超過リターンを生み出さなければならない。さらに言えば、不動産取引で儲かるのは土地の価値が上昇しているときだと理解しておくことも重要だ。建物の価値は下がっていくからだ。そのため、大事なのは常に立地ということになる。

投資する地域を詳細に知っておくことは、不動産投資において極めて重要である。土地を買って利益を上げるためには、正しい物件を見つけるための現地の知識と、その不動産サイクルのどの段階にいるのかを知るためにマクロ原則を理解しておくことの両方が必要となる。デベロッパーとして成功するためには、対象を自分がよく知っている地域に限定することだと私は深く信じている。もちろん、マクロ経済も理解しておく必要がある。知識を持っている地域から外れるのは危険なことで、それをした私は最悪の取引を経験することになった。

電波塔の王者

モントークの電波塔の案件が成功した私は、「電波塔については分かった。それならばプライベートエクイティの取引をどんどんやっていこう」と考えた。そして、電波塔の大型投資先を探していると、私のチームの若手二人が興味深い案件を見つけてきた。電波塔の建設会社を買うというチャンスだった。

この会社は、通信会社から携帯電話の基地局の設置依頼があり、それでカバーできる範囲にほかに基地局がなければ、それを通信会社に貸すことができると売り込んできた。残念ながら、このセールスリースバックの話は事実ではなかった。

三〇代だった私は、二〇代の頭脳明晰な若手の話を信じてしまい、この建設会社について十分なデューディリジェンスを行わなかった。彼らが誠実に仕事をすると信じたかったのだ。残念ながら、そういう相手ではなかった。しかも、基地局建設だけで高い利益が見込めたため、その先の数字はあまり気にしていなかった。

問題は、建設会社が提示した見通しが詐欺に近いほど楽観的だったことにあった。私たちは不動産の仕事をしてきたが、建設はまったく違う業界の契約で、違うスキルが必要だった。結局、この建設会社は土地売買契約や基地局所有について、ウソをついていた。私たちはまんまとだまされたのだ。

アイデアはとても良かったが、それだけでは成功は保証されない。間違った相手に投資し、欠陥のある書類に頼ったり、資産の構造を完全に理解していなかったりすれば、失敗することになるのだ。

この投資の損失に対する責任はすべて私にある。このような間違いが、私に最悪の取引をもたらした。初めての胸躍る取引のすぐあとのことだった。これは良い教訓となった。

ある署名によって

　ある法律改正——一九八六年租税改革法——によって、少なくない数のデベロッパーが倒産した。しかし、あとから考えると、一九八〇年代半ばに行われたこの税制改革が、アポロをはじめとする不動産プライベートエクイティファンドに成功をもたらすことになった。一九九〇年代初めに、私たちのアポロ・リアル・エステートは一八八〇年代の過剰開発と過大評価と過剰融資による行きすぎを一掃して、大きな利益を上げた。

　加速度償却と税のシンジケーションによって、たくさんの投資が純粋に減税目的のみで行われた。しかし、加速度償却に関する法律が改正されると価値が急落し、多くの不動産デベロッパーや銀行は大きな損失に見舞われた。不良債権を整理するために、整理信託公社が設立され、銀行や貯蓄貸付組合の不良債権を清算していった。

　かつてないほどの不動産資本が必要とされるなか、今日、不動産市場を支配している大手機関投資家が設立されたり、劇的に拡大したりした。不動産プライベートエクイティファンドや商業不動産担保証券や不動産投資信託などはその一例だ。

投資理念

不動産投資で成功するためには、二つの重要な分野を理解しておく必要がある。マクロとミクロ、つまり「不動産事業の全体的な状況」と「取引ごとの詳細」である。

すべての取引において、私にとって最も重要な質問は、「この物件から、現在と将来に期待できるキャッシュフローはどれくらいかとその理由」である。

このキャッシュフローの見極めが非常に重要だ。取引には主観的な要素も多くあるが、物件がどれくらいの現金を生み出すかという客観的な事実が、判断の基準となる。そして、絶対リターンと相対リターンを見ながら、リスクとリターンが妥当な投資かどうかを判断することになる。

数字の算出やリスク評価は、主観的な要素と違って魅力的でも刺激的でもない。みんな、主観的なことのほうが大事だと考え、そのことばかり話そうとするが、これは時とともに変わっていく。

興味深いだけの話に惑わされずに、変わらない要素に注目しなければならない。私は、投資機会を評価するときに、次の二つを検討することにしている。

①対象の物件について私が固く信じているのに、ほかの人たちは信じていないことは何か。

図1－1　不動産リスクの4つの分類

不動産リスクの範囲

低リスク ←→ 高リスク

投資プロファイル

	中核タイプ	中核プラス	付加価値	チャンス狙い
例	市場が確立されており、稼働率が高く現金収入が安定しているオフィスビルや集合住宅	若干の改修が必要な中核タイプの物件。仲介による売買の場合もある	管理の改善か再リースか再開発によって価値を大幅に高める必要がある	不調の物件を立て直す、新規開発、新興市場への投資、運営資産を所有する会社ごと買う
借り入れを含むIRRの目標値	7～9％	9～12％	12～16％	16％以上
借り入れ率	0～30％	30～60％	60～70％	70％以上

出所＝リアル・エステート・アンド・インベストメンツ「リスクス・アンド・オポチュニティース・テキストブック」

②もし私が間違っていれば、私と私の投資家たちはどうなるのか。

二つ目の質問のほうが、一つ目よりもはるかに重要だ。私は下方リスクになり得ることをできるかぎり査定している。私が信じていたことや想定していたことがすべて間違っていた場合はどうなるのか、最大どの程度の損失を被ることになるのか、ということだ。

取引の下方リスクを知っておくことは、潜在利益を知ることよりもはるかに大事なことだ。この批判的思考のプロセスを使えば、より良い情報を持っている人が成功をつかむことになる。

不動産物件のリスクについては、投資戦略と知覚リスクに基づいて、主に四つに分類できる（図1－1参照）。

やり直すとしたら

私は、新人の不動産投資家として一から始めるとしたら何をするかという質問をよく受ける。頂点に立った人の多くは、現場とはかけ離れてしまって実行可能な助言を与えることができなくなっている。ずっと昔の、仕事を始めたころのことを思い出すことができなくなっているのだ。

メンターや知恵を授けてくれる人を得たいときは、地元の投資家のなかで、不動産で自分がいずれやりたいことをやっている人を探してみるよう勧める。あなたよりも成功していて、あなたの立場だったときのことをよく覚えている人がよい。

私は三〇年近く前に不動産の仕事を始めた。自分の記憶は絶対だと思いたいが、私の見方は間違いなく時間というレンズに歪められている。

大チャンス

今日のアメリカにおいては、規制環境を考えると、機関投資家にとって不動産に対するデット投資によって高いリスク調整済みリターンを上げる好機だと考えている。また、ヨーロッパでは、付加価値を与える案件、メキシコや南米では開発案件へのメザニン投資と優先エクイティ投資が面白いチャンスだと思う。

アジアは、全体的に外部の投資家が参入するのがとても難しい（特に、中国は）。現地の財政難が一定期間続かなければ、私たちのような外部のプライベートエクイティファンドが本格的に進出することはできないと思う。アジアの低迷や、アジアの企業が外部投資家により開かれていくというニュースに気をつけておけば（特に、中国本土）、そこからチャンスが広がっていくだろう。

世界の新興市場は最大の成長チャンスを提供してくれるが、リスクも大きい。不動産投資においてチャンスとなるのは成長だけではなく、資本の流れのほうがより重要なこともある。投資をするときは、自分の思いとぴったりと合う案件を探す必要がある。土地開発にかかわりたくて、何かすごいことを始めたければ、新興市場を検討してもよい。彼らは驚くほどのリスクをとって新しいものを作ろうとしているため、創造力を発揮する余地が大いにある。それに、物語の最初からかかわることができる。

もし最大の目的が資金を失わないことならば、注目すべき市場はほかにある。多くの人たちが不動産を使って年金を運用しているが、これは収入源としてだけでなく、人生後半のリターンも狙っているのである。つまり、低リスク低リターンの案件も、良い投資になり得る。

借り入れは少なく

私が経営しているマック・リアル・エステート・グループでは、たくさんの集合住宅を建設した。過去一〇年間で、住宅所有者が大幅に減っていたからだ。今は、賃貸市場は貸し手が優位になっている。

アメリカでは、二つの最大資産であるオフィス物件と個人向け物件が値下がりしている。そのうえで言えば、それぞれの分野で大勝ちする人たちと大負けする人たちがいるため、一社ずつ個別に評価していく必要がある。

不動産融資は薬と似ている。正しく使えば素晴らしく有益な結果が得られるが、使いすぎれば取り返しがつかなくなるかもしれない。

不動産は、非常に資本集約的な事業である。借り入れは非常に便利だが、市場で何か起これば損失に陥る。一九九〇年代初めには、たくさんのデベロッパーがそれを経験し、そのおかげで私たちは非常に有利な価格で資産を買うことができた。

先進国では、借り入れを賢く利用しないでプロジェクトを成功させるのはとても難しい。すべての費用が高いからだ。そのため、大きなリターンを上げるためには、かなり戦略を練る必要がある。

すべてのプロジェクトの成功は、タイミングで決まる。そのため、市場の動きと、不動産市場が今のサイクルのどこにあるのかを知っておく必要がある。私たちは今、アメリカ史上二番目に長い拡大期に入っている。信じるかどうかは自由だが、近いうちにバブルがはじけるということだ。価格は（二〇一〇年から）八年間、劇的に上昇しているが、次の下降期に備えておかなければならない。これは、厳しい下げになるかもしれない。

投資の知恵は、金融の世界以外にもある。史上最高のアイスホッケー選手の一人であるウェイン・グレツキーは偉大な選手になった理由を、「パックがあるところではなく、パックが向かう先に行ったから」だと言っている。必要なのは予測力なのである。私は、これを不動産に応用し、いずれ必要になるが現在は存在しない需要を満たすための明確な構想を持つようにしている。不動産投資で成功するために最も大事なことは、一年後、二年後、五年後に市場がどうなっているかを予想することなのである。

多くの人が犯す最大の間違いは、自分のバカげた考えを信じてそれに酔ってしまうことだ。これは自信過剰による投機的な行動につながる。自分を百パーセント信じてはならないし、リスクは必ずヘッジするべきだ。

戦略的な投資が投機に変わってしまうと、成功は市場の変化に左右されることになるため、損失を覚悟しなければならない。投機は大金を稼ぐこともできるが、大金を失うこともある。投機をする人は下方リスクを無視しているが、リスクはたいてい顕在化する。本当の意味で長期的かつ戦略的な投資は、下方リスクを限定して忍耐強く待つことであり、投機とは別物だ。

どのような取引でも、利益が大きいことよりもリスクが小さいことを重視すべきであり、そのことはいくら強調してもしきれない。案件は、大きいものから小さいものまで、ほかにも必ずある。どれほど経験を積んだ人でも、どれほど成功した人でも、失敗はある。そして、うまくいかなかった取引の多くは、自信過剰になったり、下方リスクを無視したりしたために起こっている。

不動産投資は血が躍る刺激的な仕事だ。チャンスもたくさんある。しかし、多くの人たちが失敗している分野でもある。すべてのチャンスやすべての取引において、自信過剰になってわれを忘れてはならない。この取引だけは必ずうまくいくなどということはないのだ。

テクノロジー

テクノロジーは不動産に大きな影響を及ぼすことになるが、おそらくほかの業界ほどではないだろう。小売業はすでに変革が起こっているが、eコマースには物理的な場所が必要で、流通業はうまくいっている。小売店は、今後は住宅地に近い小さなスペースしか必要なくなるかもしれない。

オフィスビルは次々と建っているが、オフィスの高密度化やホテル化やアウトソーシング化やAI化は、オフィスビルにとっての強気トレンドではない。

テクノロジーは、ホテル業の供給側に変化をもたらした。今や、部屋を貸している人や家をエアービーアンドビーで貸している人は、ホテル業を営んでいることになる。このプラットフォームはホテル業界を根底から変えることになるが、業界自体がなくなるわけではない。結局、従来のホテルを利用したい人たちもいる。ホテルは、どのような付加価値（レストラン、コンシェルジェ、特別の体験、サービスなど）を与えられるかが重要になる。ホテルでは、道を尋ねれば、地図をくれ、タクシーを呼んでくれる。しかし、今ではそのほとんどを携帯電話のアプリでできる。しかし、ルームサービスや快適なアメニティといった体験を提供できることが、ホテルを存続させていくだろう。

だれでももてなしを受ければうれしい。体験もしたい。柔軟性もほしい。人は、それらのことにお金を支払う。この事実はホテル市場だけでなく、住宅市場でも、オフィス市場でも、賃貸市場でも変わらない。このことは、コワーキングスペース会社から学ぶべき教訓の一つと言える。

約束を守る

心とスキルは同じではない。心が強くなければ、成功の可能性はない。自分自身を信じられなければ、他人の信用は得られないということだ。

しかし、ここからが難しい。自分を信じることと過信しないことのバランスをどうとればよいのだろうか。

どれくらい自分を信じるべきかといつも迷っている人は、感情ではなく論理で判断を下せばよい。そのためには、判断を下す前に案件ごとのリスクと失敗の可能性をしっかりと調べ、あとはあなたに反論してくれる人が回りにいるようにするとよい。

そうすれば、市場の両極端――遅すぎたり早すぎたり、自分を信じられなくて取引できなかったり自分を過信して悪い取引に手を出したり――の間に位置することができる。その間で、適切なリサーチと情報と数字があれば、バランスを維持できると思う。

謙遜と自信の間で、自己批判的になることは重要だ。この差は紙一重で、毎日どちらかの側に行き過ぎないようにしながら進んでいかなければならない。

謙遜が足りない人もたいていは正しいのかもしれない。しかし、間違ったときに次のチャンスはほとんど望めない。

リーダーとしても投資家としても謙虚になり、周りの人たちが声を上げてあなたに必要な情報を提供してくれるようにしておかなければならない。自分を信じることと、強い謙虚さの両方を兼ね備えておく必要があるということだ。

私の理念

幸運なことに、私の場合はロールモデルもメンターも父である。父のことは、人としてもビジネスマンとしても大いに尊敬している。そして、父は周りの人たちを大いに尊重している。また、父が地域に貢献していることは、私のなかに深く根づいている。父は、自分の言葉に責任を持つことや、世界は丸いことを理解することや、高潔な行いは報われるということも教えてくれた。

私は、アメリカを世界のリーダーに転換させたセオドア・ルーズベルト大統領の大ファンだ。彼は、高くつくかもしれなくても、嫌われるかもしれなくてもビジョンを持っていた（例えば、パナマ運河の建設）。恐れることなく国を率い、再出馬を断って退いた姿勢は、私にとってリーダーシップと価値に関する大きな教訓となっている。

私は新聞を毎日最低一紙、週末は数紙読んでいる。それに、ノンフィクション、なかでもリーダーシップやビジネスに関するものを大量に読んでいる。また、家族と過ごしたり、運動したりする時間には大きな価値があると思っている。特に好きなのはサイクリングで、あとは子供たちがスポーツをする姿を見るのも楽しい。

そして、最後のアドバイスは、あなたの言葉や評判はお金よりも大事だということだ。いくらお金があっても、これらをなくしてしまえば意味がない。そうなると、だれもあなたとは取引しなくなったり、あなたから少し余計に奪おうとしたりするようになる。

生産性が高いことは、自尊心のカギとなる。どれほど成功しても、精進を怠ってはならない。そして、私心を持たずに行動することが、幸せのカギとなる。与えられるよりも多く与えれば、結局はより多くを与えられることになる。社会への貢献は、勤勉さがもたらす。一生懸命働けば、より多くを社会に返すことができる。死んでも何も持っていくことはできない。結局、残すことができるのは、生きている間の良い行いだけで、それが最も大事なことなのである。

カギとなる考え方

- ●良い情報を持っていることは役に立つ。
- ●サイクルのなかには、必ず不動産価格が適正でなくなり、ほんの短い間、市場参加者がそれを見過ごしているときがある。懸命に取り組んで、そのようなチャンスを見つけること。
- ●借り入れは便利だが、市場が少し動いただけでも投資額をすべて失うリスクがある。借り入れをするならば賢く行う必要がある。
- ●不動産の利益は主に土地の値上がりがもたらし、ポイントとなるのは場所とタイミング。

不動産を買って利益を上げるためには、正しい物件を探すための現地の知識と、タイミングを知るための不動産サイクルの現在の段階を把握しておく必要がある。
●不動産デベロッパーやそれを目指している人は、自分が最もよく知る地域に集中すべき。その場所以外に手を出すのはとても危険。
●謙虚になり、周りに考えを述べてくれる賢い人たちがいるようにする。
●自分の言葉を守り、高潔な行いをしていれば、素晴らしい恩恵が得られる。

練習問題

株式市場に投資するときは、その内在リスクに関するたくさんの警告が提示される。しかし、不動産投資の場合、一般的にはその逆――「リスクなしにすぐに儲かる」などといった宣伝――を目にすることが多い。しかし、ほとんどはそうはならない。賢い投資家は、不動産ビジネスはリスクをとる仕事であり、リスク管理の達人になる必要があることを理解している。そのため、リスクの減らし方を学ぶことがカギとなる。あなたが今、一億ドルの資金で不動産に投資するとして、次の質問について考えてみてほしい。

あなたはリスクとリターンの間のどの辺りにいたいのか。
高いリターンをとって高いリスクをとるつもりなのか、チャンス狙いなのか。
不動産のどのセクターに投資をしたいのか。
その理由は？
どの地域に投資したいのか。
どうすればほとんどのリスクを軽減できるのか。

第2章

アース・レダーマン

レダーマン・ホールディングＡＧ
スイス・チューリッヒ
Urs Ledermann
Ledermann Holding AG

エンドユーザーに大ファンになってもらう

昔から、成功した人たちは洞察力があり、業界や業界内のニッチについて再考してきた。アース・レダーマンは、控えめなスタートを切ったときからこの重要な概念を理解していた。私は、彼から長時間、話を聞くなかでたくさんのことを学んだが、なかでも未来を予測する最高の方法は自分で未来を作ることだという考え方に興味を引かれた。

貧しかった子供時代

私は、実家が不動産の仕事をしていたわけでもなければ、大学で不動産について学んだわけでもない。私の最初の仕事はヘッドハンターで、最高の人材を求める大手企業のために、完璧な社員を探していた。当時、私は市場にだれも手をつけていないニッチを見つけ、それを解決したいと思っていた。

ヘッドハンティングの仕事は楽しかったが、市場のボラティリティが気になっていた。企業は空いたポジションがあると、人材探しを依頼してくる。うまく見つかれば、大きな手数料が入るが、景気が悪化すると、ヘッドハンティングは業界が丸ごと下火になる。企業が新たな社員を探していなければ、顧客がいなくなってしまうのだ。

私は二〇代初めに家が欲しくなり、それには収入を安定させたいと思った。そのため、市場の変動に左右されない収入源を探し始めた。顧客の人材需要が低い時期でも、安定収入があればやっていけるからだ。

私の会社は素晴らしい建物に入居していた。周辺環境が気に入っていた私は、しばらくしてその建物が欲しくなった。そこで、オーナーに電話をしたが、あまり歓迎されず、売り物ではないと怒鳴られた。

彼はかなり怒っていたが、私の心は決まっていた。私は一週間後に再び電話をして、何とか面会を取りつけた。彼は、紳士が集う伝統的な会員制クラブに招待してくれた。もしかしたら、若造の私がその雰囲気にのまれると思ったのかもしれない。しかし、私はそんなことであきらめるつもりはなかった。

そして、その夜が終わるまでに、私たちは合意に達した。二三歳の私は、握手をしてこの建物を一五万ドルの頭金で買うことになった。

資金を持っていない私にとって、建物を買うことにはかなりのリスクがあった。次の一二カ月で四五万ドルを集めなければ、手付金が無駄になってしまう。そのためには、変動するヘッドハンティングの収入を安定させることが必須だった。私は働く時間を増やし、より努力をすることで、この資産を獲得するつもりだった。しかし、私は握手と手付金によって自分自身をかなりの危険にさらしていた。

私が買ったのは大きな建物だったので、自分の事務所以外の部屋を賃貸に出すことにした。この最初の取引で、私は価値ある教訓を得た――不動産は物事の進む速度が非常に遅いビジネスで、長期的に考えなければならないということである。

アメリカでは、建物を三カ月以内に転売して利益を上げている人がいるが、スイスでそれはできない。不動産の手続きには時間がかかるのである。

スイスでは、物件を二年以内に売る人などいない。税金が非常に高くなるからだ。税制上の制限や認可の厳しさ、建築規制があるため、改装や投資はほとんどの短期投資家にとって非常に難しい。

ヘッドハンティングはスピードが速く、短期で、利益志向のビジネスだが、不動産はペースがまったく違っていた。そして、物件に感情的な執着心もわいてくる。このころの私は、待つということを学ぶ必要があった。忍耐を覚えることが必要だったのだ。

私は、忍耐を身につけたことによって、このビジネスで素早く成長していった。

ビジョンを再考する

世界的に知られた建築家のハフェリとモーザーとスタイガーが設計と建築を手掛けた「キルフェンビグ」という商業施設を見たときのことはよく覚えている。残念ながら、このプロジェクトは当時は複雑すぎるうえに高すぎて、買うことはできなかった。これは重要文化財として保護されている建物で、そのことは評価していた。しかし、この建物を所有していたスイスの実業家で会社社長は、私たちが提示できる金額よりも高く売ろうとしていた。

私にとって、建物はエネルギーを持っており、それが何らかの形で私に訴えかけてくる。私は彼にこの考えを伝え、キルフェンビグが売られるときにはきっと私のところに来るだろうと言った。彼は、私の交渉の仕方にショックを受けていた。四週間後、彼の会社の重役から、私に売ってもよいと電話があった。

建物は、自分と自分のライフスタイルにぴったりとくるものでなければならない。私たちは、この建物を買ったあと、五年をかけて規制の範囲内で改築と修復を行った。これを手伝ってくれたのは、当時は新進気鋭の建築家だったティラ・セウスで、彼女はこの建物の元々の魂を残しつつ新しい命を吹き込んだ。私には、ここで働く人たちが仕事だけでなく、楽しい経験もしたいということが分かっていた。スイス政府の認可に非常に時間がかかることは分かっていたが、このときは想定よりもはるかに長くかかり、私たちは忍耐強く待った。このときもそれが功を奏し、思ったとおりの改築ができた。このような経験は、骨は折れるが、キャリアの柱を形成し、ポートフォリオの宝となってくれる。

美しさを求めて

私たちの会社は、一目で分かる並外れた品質の建物を生み出し、維持することに精力的に取り組んでいる。このような建物には独自のアイデンティティーがあり、ほかの多くの建物とは一線を画している。

車で出かけて駐車場に入ったときに、どの駐車場も同じような感じで、自分がどこにいるのか分からなくなることがないだろうか。私にとって、このことは解決すべき問題だった。私は、自分が所有する物件に、訪れる人たちを居間に迎え入れるように歓迎の気持ちを表すことができる唯一無二の独創的な駐車場を作りたいと思った。

本当に献身的な仕事とは、集合住宅でも商業ビルでも小売店舗でも、長期的に楽しい場所にすることである。例えば、私たちは芸術家に、建物に合う作品の制作を依頼している。また、芸術家にその建物に関するアイデアを出してくれるよう促すことも多い。これは深いところで大きな違いを生む。そうすることで、自分だけではけっして生み出せない芸術的な輝きを持つたった一つの建物を作ることができるからだ。私たちは、住んでいる人や仕事をしている人にその場所を好きになってほしいし、そのためには何か特別な環境が必要だと思う。

また、私は住んでいる人に、自分の家を誇りに思ってほしい。大げさに感じるかもしれないが、心地良い環境にある素敵な建物に住んでいれば、人は、日々それに見合う行動をとるようになる。私は、長期利益を得るためには、短期利益を減らしてもよいと思っている。心地良い環境を提供すれば、みんなそこに住むことに誇りを持つようになり、長く住む人が多くなり、回転率は下がる。しかも、その建物はより尊敬と注目を集め、その結果、修復や設備改善のための支出も減る。

ほかのデベロッパーとは違うことをして、業界標準を超えるサービスを提供していけば、本当に望むことができるチャンスが生まれる。私たちが所有する建物ではコンシェルジュを置いて、すべての顧客のニーズに応えている。コンシェルジュたちは日々、親密な交流をしていると、住民と健全な関係を育み、並外れた体験を提供できるようになる。私自身も、建物や物件に取りかかっているときに、自分に次のような単純な問いかけをしてみる。「ここに娘を住ませたいか。娘はここに住んだら幸せか。私ならここに住むか」

すべてがバラ色ではない

借り換えの交渉は、もともと込み入った不動産プロジェクトをより複雑にする。そして、私は銀行を信用していない。彼らはパートナーではないし、長期的に考えることがまったくできない。彼らは短期的な見方しかしないため、常にすぐ儲かることしか考えていない。銀行の言うことには十分、注意する必要がある。

不動産には、景気の拡大や縮小に合わせたサイクルがある。不況のときは、みんな「景気が後退している。経済が大変なのだから、価格を下げなければならない」と考える。

しかし、実際にはそうではなく、「物件が売れないとすれば、どんな選択肢があるか。売るのではなく貸せるかもしれない」と考える必要がある。あるいは、隣の物件を買って、何か新しいものを作ることができるかもしれない。危機は不意に訪れるため、予期できない不確実なことすべてについて、計画と出口戦略を立てておかなければならない。

私は、対象を明確にし、都市部のみに投資している。最も大事なことは、ほぼすべての投資先を不動産業界でいうところの「代わりが利かない」土地、つまり、永続的に価値が上昇し、質が維持される場所にしておくことだ。これは、ポートフォリオ全体の評価にプラスの効果をもたらしている。このような都市部の環境では、解体したり新たに建設したりすることがあまりできない。それに、たくさんの障壁があるため、リスクが高すぎて普通の所有者は簡単に参入できない。そのため、完全に解体するのではなく、既存の建物を修復したり改装したりするほうがずっと賢い。欲しいのは、代わりの利かない立地なのだ。

フロリダ州のマイアミには、住宅用の物件が過剰にある。デベロッパーが、みんながマイアミに住みたいと信じて投機したからだ。彼らは、ロシアやブラジルをはじめとする外国の顧客を狙って、マイアミは安全な投資先だと説得した。しかし、これらの建物は、一年のうちのほとんどの期間は空室になっている。

そのなかでも最高級の豪華な建物を知っているが、建物全体で四家族しか住んでおらず、廃墟のようになっている。私はそのような投資はしたくない。建物は利益を生む場所ではなく、みんなにとって素晴らしい場所であるべきだ。建物には、エネルギーと生活があり、人々が住んでいなければ、存在する意味がない。住人を建物の不可欠な一部だとする考えは、私が不動産で成功した重要な要因だと思っている。私が不動産を分析するときに、必ず注目することがある。例えば、私は子供たちが小さかったころに、ボストンに三年半住んでいた。当時、私は英語が話せなかったため、言葉とＩＴのスキルを伸ばす目的である大学教授を雇った。そのおかげで、ここに住んでいる間にこの地域について多少の理解を得た。

人材紹介会社を売却したあと、私は「今や金持ちだ。もう働く必要はない」と思った。すると、ボストンでの楽しい暮らしや街の活気を懐かしく思い出すようになった。

ボストンには若い人が多く、大学もたくさんあった。製薬会社や健康産業が盛んで、金融やそのほかの重要セクターも急成長していた。この古い都市の良いところは、都市が完成していて、新たな建築について考える必要がないことで、これは素晴らしいと思う。湾岸地域に多少、新しい建設計画があるが、それ以外の既存の地域に競争はない。

私は最初、ヨーロッパ以外に新たな収入源を作り、アメリカにも投資したいと思っていた。新しい地域でビジネスを始めるときにカギとなるのは、正しい人たちと出会えるかどうかで、幸い私はニーズに応えてくれる人たちと出会うことができた。

ただ、ヨーロッパでは仕事相手との関係がアメリカほど堅苦しくない。相手にコーチングをしたり、されたりすることもあるし、仕事だけでなく、友人関係も築いていく。また、ヨーロッパのほうがアメリカよりもお互いを信じやすい。残念ながら、私とアメリカ人の関係は、お金の付き合いが多く、何でもお金が優先した。だれも他人の言葉を信じないし、みんなが性急で疑い深い。私が初めての取引で、握手をして一五万ドルを支払ったことを思い出してほしい。あのとき、所有者が取引を履行するのか心配したことも、契約が成立しているのか心配したこともなかった。

アメリカでは、握手で契約は成立しない。ヨーロッパでは、契約書に署名してから買収が完了するまでにはたいてい三〇～六〇日かかる。しかし、信頼基盤ができているため、待つことができる。また、会社に行くのは楽しいほうがよい。毎日相手に電話をして「支払いはいつか」と催促するのはストレスがたまる。

私たちはデューディリジェンスを行って、取引相手のことをよく知っておくため、期限内に資金が支払われることは分かっている。そのため、物件を渡したのに資金が来ないという心配をすることはない。

やり直すとしたら

もし私が一から不動産の仕事を始めるとしたら、もっとアメリカの大都市に投資すると思う。ニューヨーク市は永遠に存在し、長く上昇し続けるだろう。マンハッタンに市場価格で土地を買っておけば、その価値は長期的に上がり続けることになる。

また、アジアの、特に中国とインドにも興味がある。私はヨーロッパに住んでいる。ここは私の出身地であり、素晴らしい大陸だ。ヨーロッパは旅行者を魅了し続けるだろうが、私は住宅に関心がある。なかでも、共生という分野は素晴らしいと思うし、心引かれ、情熱を注いでいる。

不動産で最も大事なのは情熱だ。たくさんの夢を描き、常に生活上の新しい体験を考えていきたい。普通の人と比べて、少しおかしいくらいでないと、みんなが長く住みたいと思うような素晴らしい建物を思い描き、建てることはできない。また、明確なビジョンを持ち、みんなが抱える問題を解決しなければならない。時には、自分が何を望んでいるのか分かっていない人たちに、それを見せることも必要だ。私たちの仕事は、建物を使う人たちに新しい体験を提供し、彼らがそれを楽しめるようにすることなのである。

不動産は長期的なビジネスだ。物件を買って、直して、売るには何年もかかる。そして、その間に不動産のサイクルを一巡することになるだろう。市場の浮き沈みに備え、投機は避けること。

不況に負けない戦略を建てることに集中すれば、市場の低迷期や、人口動態の変化や、地政学的な予期しない出来事から生き延びることができる。自分の目標と夢を書き出して、それを毎晩、寝る前に見てほしい。そうすれば、必ず実現できる。

目標は、非常に明確にする必要がある。不動産業界で働くうえで最大の間違いは、投資先に執着してしまうことである。これは危険だ。この仕事は、感情を持ち込んではならない。ほかの投資家の資金を管理するのに、感情が入る余地はない。受託者として、受益者のために尽くすためには、財務的な規律をもって不動産投資を成功させ、あなた自身も成長していかなければならない。

他人のお金を使うときは、自分のお金を使うとき以上に敬意を払う必要がある。感情に駆られて、他人の資金を間違った取引につぎ込んではならない。そして、もう一つの間違いが、現地の知識を持たないまま投資することである。かつて、私はロシアの新興財閥とスイスの不動産会社が所有していた会社の取締役をしていた。この会社は、ドイツやオランダやスイスなどのさまざまな場所に、各市場に関する知識がないまま住宅を買っていた。そのため、彼らは弱さを露呈し、大打撃を受けた。

何についても言えることだが、最高水準にいる人たちのなかでも、良いプレーヤーと悪いプレーヤーがいる。小さいプレーヤーでも、現地の市場について役立つ深い理解があれば、数十億ドル規模の国際的な巨大企業の裏をかくことだってできるのである。

実地で学ぶ

残念ながら、大学で不動産投資に関するすべてを学ぶことはできない。知識の多くは、現場で仕事をすることで身につけるしかないのだ。本書には、世界中の成功した不動産投資家の知識や経験が詰まっているが、彼らの知恵は、実際に取引で使ってみなければ、あなたのものにはならない。

私は、学びは現実世界に出て得るものだと強く思っている。私もそうした。そして、あらゆることに疑問を持つことも、その過程の一部だと思っている。自己資金を投資すると、学習曲線は急上昇する。しかし、会社の資金で投資し、それを失っても、自己資金のときほどの学びは得られない。自分にとっての重みが違うからだ。

子供のころ、農業をしていた祖父に、雇われるよりも経営者になれと言われた。会社に勤めるとたくさんのリスクを外部に押しやることができる。しかし、経営者ならばすべて自分の責任だ。

私は、幸運にも学校で素晴らしい先生に出会った。また、不動産について友人や不動産の起業家からも多くを学んだ。ただ、まだまだ学ぶべきことはある。好奇心を持ち続けることも大事で、私はときどき偉大な投資家やデベロッパーと会って話を聞く。特に、彼らの考え方や、世界の見方などに興味がある。

新聞は毎朝読む。世界についての情報を得るだけでなく、記事の内容についてほかの人たちと話をするためだ。また、伝記もよく読む。歴史上の偉大な人たちの話を読んで、彼らの共通点を探したり、何が彼らを偉大にしたのか考えたりしている。

私は、個人的にヨーロッパやアメリカに不動産を所有しているが、自宅にいるときは、必ず早起きして二〇分ほどストレッチ体操をするのを日課としている。また、仕事から離れるために海に行ってリラックスすることもある。最高のアイデアは、たいていそういうときに浮かんでくる。考え事をするために長い散歩をしたり、ゴルフをして体を動かしたりすることも、そのときの気分に合わせて行っている。特に、その瞬間を生きるということは、ただ言うだけでなく、実行している。私は、仕事でもプライベートでも、状況や経験をすべて受け入れ、気を配り、気づくということを意識しながら生きている。また、交流する人たちとの時間を大事にすることも、私が育んできた重要な特性だと思っている。時間をとって、その人と過ごす瞬間を作るということだ。

何をするときでも、そのことと、その過程を楽しんでほしい。また、一日一日を楽しんでほしい。死んでしまえば、ビルを一〇〇棟持っていても二〇〇棟持っていても関係ない。人生を終えるときには、ぜひ「楽しかった。この世界での時間を楽しんだ」と言えるようにしたい。

あなたにも、ぜひ幸せな人生を生きてほしい。自分の人生が好きでなければ、変えればよい。何か自分が好きなことを始めるのだ。もし不動産が嫌いだとか、不動産の交渉することが嫌いだとか、儲かること以外はすべてが嫌いだというのであれば、やめればよい。お金を稼げて楽しむこともできることは、ほかにたくさんある。本書の原則をほかの業界に応用したとしても、これらの教えは十分価値があるはずだ。

あなたには、自分の運命を切り開く力がある。私は、良い人になることを勧める。欲深くなり、他人を踏み台にしてトップを目指すべきではないということだ。

私の話のなかで、何か励ましになることがあればうれしい。私は、不動産は素晴らしいことができる仕事だと思っている。たとえ一件ずつでも、人々が住む美しい家を設計して建てることが実際にできるからだ。

カギとなる考え方

●不動産のチャンスを追求すれば、必ず問題は起こるが、目標の達成をあきらめてはならない。
●不動産の世界で最高の起業家は資金を賢く使う必要があるため、革新者であることが多い。
●質が高く、特別かつほかにはない物件のポートフォリオを所有するために最善を尽くす。
●現状に満足したり、同じことを繰り返したりしないことが重要。ステークホルダーや地域やエンドユーザーに大きな付加価値を与えることに集中する。
●不動産の仲間やライバルの多くが同じ方向に向かっているときは別の方向で何か違う独

自のことをしろという確実なサインと見る。
●価格だけの競争はうまくいかない。業界や顧客に関する知識や改革を続けることによって勝負すべき。
●人の資金を投資するときは受託者として受益者に仕える必要がある。
●短期的な利益ばかりに注目しない。顧客やエンドユーザーに大きな付加価値を与えることに注力すれば、長期的には最大の金銭的な利益につながる。

練習問題

自分と自分の不動産事業の原則を、宣言という形で表明してみよう。例えば、仲介事業のモデルを、次の三つの原則に基づいて作ることができる――①書面でも握手でも、契約は尊重する、②不動産代理店として、顧客には特別なプライドを持ってテキサス州ダラスで最高の物件のみを紹介する、③最高水準の誠実さと卓越性を維持する。自分の原則を守れば、どのような難問が持ち上がっても、その原則が判断の指針となり、キャリアを支えてくれる強力なツールとなる。

第3章

ロナルド・タウィリガー

トラメル・クロウ・レジデンシャル
アメリカ合衆国テキサス州ダラス
Ronald Terwilliger
Trammell Crow Residential

生きる秘訣は与えること

不動産の巨人のなかのだれよりも、アメリカで手の届く住宅を供給することにこれほどの情熱を傾けているタウィリガーにインタビューできたことをうれしく思っている。彼が人生をかけて取り組んでいることは、彼の次の言葉が表している。「私は、慈善活動を通じて、希望というのは妥当で手が届く住宅から始まるという考えを訴えてきた。私は、自分が死んだあとも、手が届く住宅を届ける活動がより広がるよう、強力で持続的な影響を及ぼしたいと思っている」。この考えは、世界中の何十万人もの人たちを元気づけているに違いない。ロナルド・タウィリガーは、住宅事情を改善することで、世界中の何十万人もの低所得世帯の生活を素晴らしく向上させてきた。

自分の仕事を愛する

私は、自分が本当に楽しめることを探すことが大事だと学んだ。月曜日の朝に仕事に行くのは、週末に家族と過ごすのと同じくらい楽しみなことであるべきだ。トラメル・クロウ・レジデンシャルでの三〇年間を、私は大いに楽しんできた。このパートナーシップでは、みんなの関心が一致している。大いに働き、大いに楽しむという文化のなかで、パートナーたちは素晴らしい友人でもあるが、ビジネスが最優先であることは明確になっている。

私はバージニア州アーリントンの生まれで、実家は裕福ではなく、公立学校に通っていた。

そして、スポーツ推薦で海軍兵学校に入り、海軍への入隊を前提に船舶工学を専攻した。海軍にいたのはベトナム戦争のころだったが、次第にこの仕事に幻滅し始め、五年で退役してハーバード・ビジネススクールに入学した。私は昔から数字に強く、ハーバードでは不動産のクラスを受講したあと、不動産開発の仕事をしようと決めた。ビジネススクールで不動産クラブに入り、採用希望の不動産会社と出合い、サウスカロライナ州ヒルトンヘッドアイランドにあるリゾート開発会社のシー・パインズ・カンパニーに就職した。

しばらく働いたあと、一九七四年にシー・パインズが破産した。私はテキサス州ダラスに移り、商業建築会社のCFO（最高財務責任者）になったが、この仕事はせわしなくて、開発の仕事に戻りたくなった。大きな転機となったのは、トラメル・クロウからパートナーにならないかと誘いがあったことで、アトランタでアメリカ東部向けのトラメル・クロウ・レジデンシャル・カンパニーの再建に取り組むことになった。ところが、一九七四～一九七五年の不況でトラメルは東部への関心を失い、クロウ傘下の会社に移らざるを得なくなった。ただ、報酬は下がったが、新しい会社の株と不動産開発の仕事をして稼ぐチャンスを手に入れた。

私の二つ目の転機は、賃貸アパート事業に出合ったことだった。そして、一九八〇年にアトランタのカンバーランド地区のオフィスパークで、初めてのアパート開発に携わった。このプロジェクトでは、一戸当たり三万ドルで開発し、一年後の完成時に五万ドルで販売した。私はすぐにアパート開発の仕事に魅了された。

メンターの重要性

私は仕事を始めたばかりのころ、二人のメンターがいた。彼らには大いに感謝している。一人目は、サウスカロライナ州ヒルトンヘッドアイランドの南端に環境に配慮した地域を開発してシー・パインズ・カンパニーを設立したチャールズ・フレイジャーで、彼は洞察力のあるデベロッパーだった。フレイジャーは東海岸でリゾート開発を研究し、ヒルトンヘッドアイランドで新しいタイプの地域開発のチャンスを得た。彼は環境アセスメントの先駆者の一人で、すべての住宅や商業建築を環境に適合させようとしていた。そのため、ヒルトンヘッドアイランドではゴルフコースやテニスコートを作るだけでなく、住民が車に乗らなくても移動できる散歩道やゴルフカート用の道も作っていた。シー・パインズは、休暇で訪れる人たちや引退した人たちにとって非常に魅力的なところだった。残念ながら、フレイジャーには一つ弱点があった。それがリスク管理だった。彼は、一九七〇年代初めに住宅ローンＲＥＩＴ（不動産信託）から、費用の全額をプライムレートプラス五％で借りてこのリゾートを作り上げた。そのため、一九七四年にプライムレートが一二・五％に跳ね上がると、全額デフォルトに陥った。

私は、建設業界で三年間働いたあと、トラメル・クロウ（人名と社名）がパートナーとして迎えてくれたアトランタで再び開発の仕事に就いた。この会社を創業したクロウは、第二次世界大戦中は海軍に服役し、その後、ダラスに戻って倉庫の建設を始めた。また、帰還兵が結婚したり子供ができたりしていくなかで、彼らを満足させるには環境を改善する必要があることを理解していた彼は、パートナーシップの形態で全国的な開発会社を設立した。彼は、自分の評判と財務力を使って新しい開発会社をアメリカ全土に作り、すぐに商業不動産と住宅用不動産でアメリカ最大の開発会社になった。トラメルは楽観的で、カリスマ的な洞察力を持ち、とびきり寛大だった。彼はパートナーシップの手法で、開発による利益をすべて分配し、多くの若手パートナーが富を築くことができるようにした。しかし、チャールズ・フレイジャーと同じように、トラメルも下方リスクについてはあまり考えておらず、彼の会社は一九七四～一九七五年の不況で大打撃を受け、一九八九～一九九三年の不況で完全に打ちのめされた。

過剰なレバレッジの危険性を二つの会社で苦労して学んだとはいえ、私はフレイジャーとクロウがチャンスを与えてくれたことには永遠の感謝を捧げたい。一九七〇年半ばの低迷期を経験したおかげで、私はトラメル・クロウ・レジデンシャルでの借り入れを限定したことが、一九八九～一九九三年の不況を生き延びることにつながったと思っている。この経験は、経済は循環しているが、次の低迷期を予想するのは難しいということを教えてくれた。つまり、不動産デベロッパーは、いずれ不況になり、そのときには新しいプロジェクトを始めなくても少なくとも三年間は生き延びられるという前提で事業を運営していかなければならないということである。

現実的になる

不動産開発事業は、リスクが高い。需要は確実に景気の低迷に左右される。また、物件の種類によって脆弱さの種類も違う。私は、アパート開発はリスク・リワードの関係が最も良い事業の一つだと思っている。きちんと管理されたアパートは低迷期も満室を維持できるからだ。ただ、満室を維持するために、市場が下げているときは賃貸料を下げるなどの調整をしなければならない。アパート開発の調達のカギとなるのは、借り入れをコストの七五％以下に抑えることと、建築ローンの期限を不況を凌げるくらい十分先にすることである。

新たな開発が必ずしも成功するわけではない。そのため、投資案件ごとに下方リスクを理解しておかなければならない。賃貸アパート事業で私が犯した最大の間違いは、建設を始める前に土地の契約を締結してしまったことである。サイクルの最後に市場が過熱すると、土地の売り手は高い価格や厳しい条件を要求してくる。二〇〇〇年代半ばに、私は自分のリスク管理の原則を守らずに、ある契約をした。建築計画が完成して建設を始められるようになるはるか前に、金融パートナーと共同で土地を購入したのだ。しかし、そのあと不意にサブプライムローン危機が到来し、銀行は満期でこの土地への融資を回収した。「パートナー」はこの株を放棄したため、この融資を保証していた私たちの会社が、五〇％以上価値が下落したアパート用の土地の融資について銀行と交渉せざるを得なくなった。

個人的な補償（リコースローン）は、実質的に失うものがまったくない場合以外は使ってはならない。つまり、リコースローンはけっして使ってはならない。私たちは、貸し手と投資家を満足させるために、保証会社やそのあとは事業資産保証を使っている。私の今の開発会社は適切な資本と必要時に使える十分な流動性を確保して、債権者を説得している。不動産の景気循環を乗り切ることができるデベロッパーは、みんな優れたリスクマネジャーになっている。実質的にすべての案件の完成を保証する必要があるが、それ以上に重要なのはリスク分担だ。要するに、何を保証するかということだけでなく、その保証によって何を得るかについてよく考えなければならない。

不動産と不況

景気のサイクルと、その始まりや期間や深刻さを予想するのが難しいということはすでに話した。不況の間も開発料と建設料のみに依存していると、不況が終わる前に収入が底をつくこと（少なくとも分譲の集合住宅の開発では）はすぐに分かるだろう。そこで、あまり開発ができない期間でも定期的に入ってくる不動産管理や資産管理などといった手数料収入を組み込んでおくとよい。私の競合相手のなかには、先のことを考えて買収やファンドマネジメントといった事業に参入し、景気循環のどの段階でも手数料収入が入るようにしている人たちもいる。

二〇〇〇年代の不況時のときに保証を履行できなかった開発業者は、多くの銀行や投資家に影響を及ぼした。不景気は、毎回、不動産開発の融資の標準的な手法を変化させているように見える。信じられないかもしれないが、一九八九～一九九三年の不況の前は、アメリカのデベロッパーは共同投資を求められることはなかった。つまり、プロジェクトの全額を一カ所から借り入れることも可能だった。ピーター・リンネマンによると、「不動産の証券化」が起こったのは一九九〇年代初めで、現代のＲＥＩＴの時代が始まると、大量の債務が公開株に置き換わった（**図3－1**参照）。一九九四年から、トラメル・クロウ・レジデンシャルは新たな不動産開発には共同投資をしなければならなくなった。しかし、振り返ってみれば、「自己資金の投資」が義務づけられていないことのほうが驚くべきことに思える。

二〇〇〇年代の不況以後、銀行業界はそれまでよりもずっと保守的になった。かつては、アパート開発のためにいつでもコストの八〇％（時には八五％）も利用できた建設ローンが、六五％以上は非常に難しくなったのだ。新規開発の資金調達はそれまでよりもずっと保守的になり、建設ローンにはコストの五〇～六五％の共同投資を求められるようになったため、デベロッパーは以前よりも多くの資金を投入しなければならなくなった。

私は不動産開発の経験が長いため、「今は野球で言えば何回なのか」とよく聞かれる。しかし、次の不況がいつかも、何が原因になるかも、だれにも分からないため、野球に例えるのは好きではない。今回の好景気は長く続いており、低金利とこれまで経験したことがないような開発

図3－1　不動産のキャピタルストラクチャーとリスク

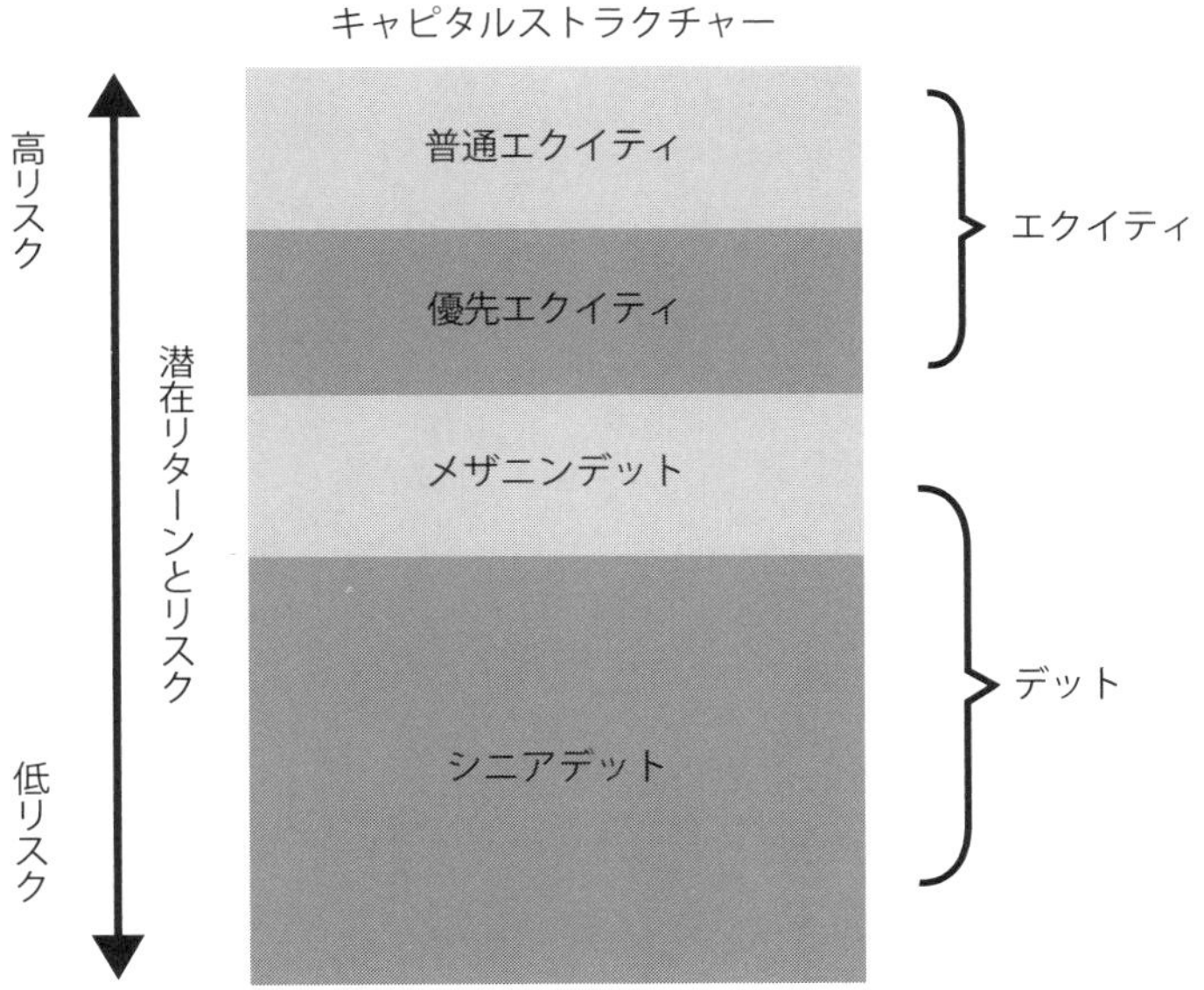

利益のレバレッジ効果の恩恵を受けてきた。

　賃貸住宅を必要としているアメリカの家族は増えている。一戸建て住宅の建設が停滞し、建設コストも上昇したため、家を買いたくても住宅ローンを受けられない人が増えたのだ。アメリカの人口動態は、一〇件中九件の新しい世帯がマイノリティになることを示している。この事実は、二〇〇〇年代の不況のあと、アメリカの家族にとって賃貸住宅がより重要になったことを示している。

学び続ける

私は、五〇年近く不動産の仕事をしているなかで、常に学び続け、順応し続けなければならないことを学んだ。住宅は人間の生活において不可欠ではあるが、家族が望み、実際に手に入れることができる家は時代とともに変わっていく。一生の学びは、この仕事で生き延びるための前提条件と言える。

不動産業はもともと地域に根差した事業であるが、現地のことだけでなく、地方や国のトレンドも把握しておかなければならない。多くの新しいアイデアがカリフォルニアから生まれ、今、多くの人たちが注視しているのは家賃統制のリスクである。

私は、アーバンランド・インスティチュートと各地の協議会を大いに支持している。業界の集まりに参加することは、とても勉強になるし、見識も広がる。ぜひ、新しい進展やトレンドを把握しておくよう勧める。

不動産開発の分野が、技術革命の影響をほとんど受けていないことは驚くべきことだ。私たちは、三〇年前と基本的に同じ方法で建物を建てており、仕事の生産性は規制の強化によって下がったとさえ言われている。プロジェクトのコスト上昇によって収入は下がっており、不動産業界は製品イノベーションを強いられることになるだろう。このなかには、これまでよりも密集した小規模住宅も含まれている。アメリカでは、仕事から帰ったら車には乗りたくないという家族が明らかに増えている。そのため、新しい宅地の条件を評価するうえで、ウォークスコア（歩いて行ける施設数）がより重要なベンチマークになっていることは間違いない。

二一世紀は、テクノロジーの進化によるさまざまな変化が起こったり、仕事の性質や生活パターンが変わったりすることになるだろう。この国では、住宅購入が危機的に難しくなっており、これには政府がさまざまなレベルで対処する必要がある。

二つの市場

アメリカには二種類の不動産市場がある。一つは供給が限られている市場で、もう一つは商業市場である。

供給が限られている市場は、例えばカリフォルニアやニューヨークである。これらの市場は、すでにインフラが出来上がっているため、莫大な利益を上げるチャンスがある。ただ、参入するにはお金がかかり、参入障壁も高いため、新しい住宅の供給量は少ない。

集合住宅において「先行者利益」があるのかと聞かれることもよくある。通常、賃貸アパートはコモディティビジネスで、優位性はほとんどない。これまでも、これからも、借り手はどこに住むかはさまざまな選択肢がある。ただ、集合住宅の需要がなくなることもない。

不動産事業で成功するカギとなるのは、市場の需要に見合う商品を提供することで、このなかには、正しい装飾、立地、間取りの種類、管理などが含まれている。本当に優れた物件は、不況のときでも空室になることはない。

私が初めてアパートを建てたとき、この仕事でどうすれば成功できるかを助言してくれるメンターはいなかった。不動産の世界で成功するためのスキルは、多くの人が本書から期待するようなものとは違う。必要なのは、優れた知性とビジョンと文化と熱意を持って働くことなのである。

私が出会った最高のデベロッパーのなかには、まねするのが最高にうまい人たちもいる。彼らは成功している事業やプロジェクトについて研究し、同じことをするのである。彼らは、完璧なアパートを作る必要はないと思っている。そうではなく、うまくいっているものを参考にしているのだ。

これは、新しく投資する人にとっても、すでに投資している人にとっても、理想的な戦略と言える。わざわざ一から始めたり、まったく新しいタイプの集合住宅を開発したりする必要はない。成功の大きな要素は、すでにうまくいっていることに注目することである。また、開発においては、費用効果がカギとなる。

これは、クロウ社の良いところでもある。カリスマ性があって寛大な創設者と動機を同じくし、組織のなかにたくさんのメンターがいることはとても魅力がある。

私の理念

仕事で成功するうえで助けになった個人的な理念や信念をいくつか述べておく。まず、毎日を楽しむべきだと思う。健康に気をつけ、家族を大切にする。どれだけ稼いでも、結局のところ、あなたの基盤は家族なのである。

私の実家は裕福ではなかったし、金持ちの知り合いもいなかった。私は、バージニア州アーリントンの約八四平方メートルの家で育った。父は常に二つの仕事を掛け持ちし、年収が一万ドルを超えたことは生涯なかった。父は、日中は石油製品の卸売り販売をして、それが終わると一度帰宅して仮眠をとってから夜の仕事に出かけていた。一時期は、映画館の深夜時間の支配人をしていたが、そのあとは保安官代理にもなった。

私は、父の労働意欲を受け継いでいる。一二歳から、夏休みはすべてアルバイトにつぎ込み、毎年、違う仕事を経験した。自分の自転車で新聞配達をし、引っ越し会社では家具の一覧を作り、車のディラーでは床掃除と中古車磨き、造園会社では芝を植えた。ちなみに、造園会社の指示はたった一言、「緑の面が上」という間違いようがないものだった。

五〇歳代になると、私は蓄財を始めた。慈善事業を始め、ＮＰＯ（非営利団体）とともに活動し、私が関心を持っている団体に寄付をするためだ。私が死んでも家族は困らないようにしてあるが、私が所有する不動産の多くは、低所得者や恵まれない人たちが取得可能な妥当な住宅の開発に投じられることになっている。

私の取り組みのほとんどや寄付への熱意は今、アメリカと世界の取得可能な住宅の危機に向けられている。また、低所得世帯の子供が教育を受けられるようにすることにも力を注いでいる。アメリカンドリームの恩恵を受けた私は、アメリカのすべての家族が生活を改善し、世代を超えた貧困から抜け出すチャンスが与えられるべきだと思っている。

カギとなる考え方

●プロジェクトに投資するときは利益を予想する前に下方リスクを検討する。「この取引がうまくいかなかったらどうなるか」を考えるのだ。
●集合住宅プロジェクトは借り入れを開発コストの七五％以内に抑える。
●開発を始めてから不況になったときは、不況が通常は三年程度続くということを思い出してほしい。不況がいつ起こるかはだれにも分からないが、必ずいつかは来るので、開発が少ないかまったくなくなる時期を生き延びられるように準備しておく必要がある。
●うまくいかなかった場合に自己破産しないためには個人で保証しない。
●テクノロジーの進歩は私たちの生活や仕事を変えている。いずれは建設の仕方も変えるかもしれない。

●人口動態変化が、アメリカの家族構成や家計所得を劇的に変えている。政策が見直されないかぎり、助成金を必要とする低所得の賃貸人が増える可能性が高い。

●人生の秘訣は還元することにある。資本主義社会に生まれたことでその恩恵を受けた私たちは、家族の幸せと他人をどれだけ助けることができたかによって、人生における成功を測ることができる。

練習問題

不動産の仕事で成功するためには、資金調達の仕組みを学ぶことが非常に重要である。不動産業界では、通常、四つの目的で資金を調達する。

①頭金があまりなく、追加資金が必要なとき。

②ポートフォリオを分散するために投資先の数を増やすとき。

③金銭的なリターンを増やしたいとき。もしYOC（イールド・オン・コスト）よりも低

い金利で借り入れを行うことができれば、レバレッジを含むリターンはすべて自己資金で行うよりも高くなる。同じようなことは、住宅の売却についても言える。

④金利を支払うことで節税効果を得るため。この効果は国によって違うが、先進国では利用できる。

投資家にとって負債は魅力的だが、さまざまなリスクもあることを理解しておく。経験が少ない投資家（または特定の取引チャンスを失わないために資金がすぐに欲しい人）は、YOCよりも金利が高いローン契約を結んでしまうことがある。しかし、それでは不動産投資の収入が毎月の利払いを上回ってキャッシュフローがマイナスになり、デフォルトを避けるために別の収入を探すことになる。このような状況を回避するためには、スプレッドシートを使ってさまざまなシナリオを検討し、自分の物件や投資先が金利を賄える収入を生み出すことを確認しておく必要がある。投資家は予想される収入だけでなく、運営費に含まれるコストと経費もしっかりと理解しておかなければならない。

もし融資を受けるならば、不動産融資に詳しい信頼できる専門家を周りに置いて、その人に借り入れをしたい理由を説明してみるとよい。自分が借り入れをしたい理由が理解できれば、資金需要により適した借り入れを行うことができる。

第4章

ジーナ・ディエス・バローソ

グルーポ・ディアーク
メキシコ・メキシコシティ
Gina Diez Barroso
Grupo Diarq

使命を持つことの重要さ

二〇〇四年、ジーナ・ディエス・バローソは、メキシコシティにアート系のセントロ大学を開校した。二五〇〇人の学生が学ぶキャンパスは、メキシコシティの中心部にデザインと教育を融合し、学生の芸術的感性を引きつける建物を作るというバローソのビジョンの集大成と言える。

この大学は、キャンパス自体が庭園になっており、敷地の三分の一は美しい地形と屋上緑化に割り当てられている。ここは、キャンパスの内も外も含めて、芸術とビジネスとテクノロジーは成功の重要な柱だというバローソの考えを物理的に表明したものになっている。

セントロ大学は、厳しい環境基準を満たしてLEED（環境性能評価システム）のプラチナ評価を獲得した世界初のキャンパスの一つである。主要な建物はすべて、大学で教えられている主要な専門分野のように交差している。建物が、大学の理念に合わせて建てられているのだ。

このキャンパスは、それ自体が目の保養になり、著名な芸術家の作品も多数展示されている。多くの大学では、キャンパスが履修過程とは関係なく設計されているが、セントロ大学の建物は、このキャンパスにおけるすべての体験に不可欠な要素になっている。

始まり

私は一九歳で編集の仕事を始めた。しかし、七年後に不動産への情熱を追求することにした。

私は、自分を含む投資家がメキシコで不動産プロジェクトを立ち上げるのが難しいことに不満を持っていた。土地開発は、不確定要素が多すぎて、あまりにも複雑でやっかいだった。

投資家は、土地を探して購入する不動産会社を雇わなければならなかった。また、建築家と建設会社を雇い、そのあとにはインテリアデザイナーも雇わなければならなかった。そこで、私はそれらを一カ所ですべてできる垂直統合型の会社を作ることにした。社名はディアークとした。

私は、幅広い分野の専門家を雇い、結局は建築家を現場に配置した不動産部門も作ることにした。また、私が所有する建設会社では、デザイナーを雇った。当時は、多くの外国人投資家がメキシコで事業をしたがっていたが、この国の建設事業の複雑さがその意欲をそいでいた。たくさんの会社がかかわっていると、問題解決が難しくなるからだ。問題が起こると各社が互いに非難し合い、投資家はイライラが募った。

しかし、ディアークならば一社との契約で、メキシコでの建設事業に安心して取り組むことができる。私たちは、まず住宅のプロジェクトから始め、時間をかけてポートフォリオに商業プロジェクトも組み込んでいった。

私は、これまでにメキシコや世界中で六五〇を超えるプロジェクトに開発や投資でかかわってきた。すべてが成功したと言いたいところだが、なかにはそうでもないものもあった。

これらのプロジェクトのなかでも、私にとって最も思い入れがあるのがセントロ大学である。

私が初めて手掛けた教育機関で、これこそが私の動機、つまり目的であり「なぜ」でもある。やっと自分の核心となる動機を見つけたのだ。

それだけでなく、この大学は、私が初めてLEED基準（米国の非営利団体USGBCが開発した建築物の環境性能総合評価システム）を取り入れたプロジェクトでもあった。最初は、LEEDのベーシックの認定を目標としていたが、それを達成するとブロンズを目指すことにした。そこからは衝動を抑えきれずに、シルバー、ゴールド、そしてついにプラチナ基準に到達した。

セントロ大学のキャンパスはなかから外まですべて私たちが手掛け、世界で唯一のLEEDプラチナ基準を満たすキャンパスとなった。これは驚くべきことだ。デザインや建築や教育や環境に対する私の情熱がすべて組み込まれたこのプロジェクトは、今でも私の大のお気に入りである。

正しいプロジェクト

私は、チャンスを検討するとき、まず立地、周辺市場、基本的な需給状況、原価、キャッシュフローの見通しなどを理解することから始める。周辺事情が非常に重要なのは、世界中どこで開発を行う場合でも、建物を単体で建設することはほとんどないからだ。私は、周辺の物件も買って、敷地をなるべくまとめようとするが、たいていはやっかいな土地所有者やテナントや近隣住民がいる。この戦略における最大の洞察の一つは、コストとタイミングが決定木の欠かせない部分になるということだ。例えば、あるプロジェクトで六つの異なる物件をまとめていたとき、最後の物件だけが、平方メートル当たり全体平均の三倍の価格になっていた。しかし、私は常に不動産は長期事業だと考えて、ＩＲＲ（内部収益率）ではなく、投資倍率で考えるようにしている。そのため、この案件も時間がたてば、非常に良い投資になることは分かっていた。

もし事業をまた一から始めるとしたら、私は住宅市場か、もしかしたらｅコマースに注力すると思う。ｅコマースは急成長しているセクターで、特に都市部で拡大している。オフィスビルについては多少躊躇している。通常、オフィスセクターと工業セクターはコモディティビジネスに近い。どういう意味かというと、歴史的に多くの投資家が不動産市場と債券市場を関連づけて考えてきた。しかし、実際には不動産市場のなかにはＮＯＩ（営業純利益）の上昇率が非常に高いところと高くないところがあり、債券と同じように機能しているとは言いがたい。オフィスビルや工業用建物の場合、かつては長期のリース契約（一五～二〇年）を結んでいたため、債券とよく似た仕組みになっていた。もしエスティローダーのような会社があなたの所有するオフィスビルや物流センターの七〇％を借りて、年間のインフレ率に見合った基準賃貸料を支払ってくれれば、それは債券と非常に近い。しかし、需要が限られた住宅販売の部門にいれば、価格は毎年一五～二〇%上がっていくこともある。メキシコシティでは、二〇一三～二〇一七年までそういう状況だった。

教育は、私が好きな分野だが、理由は金銭的な報酬ではなく、精神的な報酬にある。私はこれに情熱を傾け、そこから特別な満足感を得ている。

不動産ビジネス

不動産は、ほかの多くの事業と違い、たくさんの困難に備えておかなければならない。不動産の仕事は取り組み方が重要だ。不動産のプロと投資家では、まったく考え方が違う。

プロは不動産特有の性質を理解し、それに合わせた対応をするが、ポートフォリオを拡大するために新しい資産クラスを探している投資家の多くは不動産の周期的な性質や下方リスクを理解していない。

資産クラスの一つとして不動産に投資したいのならば、収入を生み出す物件を探すことと、危機が起こったときにほかの投資を犠牲にしなくても持ちこたえられるだけの資金的な余裕が必要となる。不動産の場合、他国の経済危機の影響を受けることもある。

残念ながら、不動産投資家の多くが、この市場を理解しないまま参入し、たいていはレバレッジ過多になっている。とはいえ、このようなリスクがあっても、私はすべての投資家がポートフォリオの一部に不動産を含めるべきだと思っている。素晴らしい資産クラスだからだ。煉瓦やビルを愛し、不動産の運営がほかの投資とは違うことを理解して参入してほしい。

素人が適切な調査やデューディリジェンスを行わないで不動産市場に参入すると、リスクが高い判断をしたり、レバレッジ過多になったりする。レバレッジが大きすぎると、いずれ訪れるタイミングが悪い時期や下降期に持ちこたえられないかもしれない。

不動産に初めて投資するときは、プロと組んで、負債を最低限に抑えてほしい。そして、避けることができない市場ショックを耐えられるよう十分余裕をもった資金状態にしておく必要がある。

テクノロジー

テクノロジーは不動産業界を驚くほどのペースで変化させている。私は最近、ドイツにある一〇〇％自動化された施設について読んだが、ここには照明すらない。ロボットは暗闇でも仕事ができるからだ。世界は変化しており、みんなそれに適応していかなければならない。例えば、テクノロジーによって、自動車やガソリンスタンドや街がより自動化されれば、驚くべきチャンスが生まれるかもしれない。しかし、電気自動車に乗り換える消費者が増えれば、小規模のガソリンスタンドは淘汰され、小さい街は都市部と比べて不利になるかもしれない。

私は、モビリティ（移動しやすさ）とウォーカビリティ（歩きやすさ）の進化や不動産への影響について調べている。今、私たちは技術の発展に合わせて自動運転車に適応する設計を考えている。ディアークの開発プロジェクトではまだ駐車場を減らしていないが、いずれそうなるだろう。自動運転車は世界の動きを大きく変え、それが不動産にも大きな影響を与えることは間違いない。もしかしたら自動運転車は、不動産の常識である「立地、立地、立地」すら変えてしまうかもしれない。

テクノロジーは、セントロ大学での教え方も変えている。私たちは、みんなが競争ではなく、協力する方法を模索する共有型経済に移行しつつある。現実から目をそらしてテクノロジーがものすごいスピードで周りの世界を変えていることを無視していれば、恐竜と同じ道をたどることになる。

質の高いミレニアル世代を会社に引きつけておくためには、みんなが楽しく働くことができる場所と、ひらめきを与える使命を提供することが報酬よりも大事かもしれない。彼らは、高給よりも、生活の質や世界を変えることに関心がある。彼らは、プライベートが保て、良い共有資源やコミュニティースペースにアクセスしやすければ、小さい部屋でも喜んで住む。この新しい世代は協力したり、食事や仕事の場所を共有したりするのが好きで、寝る場所はかなり小さくても気にしない。私が若かったころは、音楽は所有するものだった。好きな曲はＣＤを買ったが、今ではアプリやオンラインサービスでシェアするものになっている。

ミレニアル世代は、所有ではなく、共有資源を使うほうに移行している。自転車を借りて職場に行けるのに、なぜ車を買う必要があるのか、というのだ。このように考える世代の才能を引きつけるためには、会社も世界に影響を与えるか、それに貢献していかなければならない。だから、そこに最も多く投資している。あなたが世界を変えていかなければ、彼らは関心を失ってしまうのだ。

教育への情熱

私は四〇歳のときに、不動産の仕事における自分の立ち位置に満足していたし、希望どおりのキャリアを積んでいた。しかし、メキシコの不動産業界で働く女性としては、楽しくても満足はしていなかった。楽しいことと満足することは別なのである。

私は、教育の力でこの国を助け、次の世代により多くのチャンスを提供したいと思っていた。そのためには、世界により大きな影響を与える方法が必要で、それには教育に参入するしかないと思った。そこで、メキシコと世界の高等教育の状況を調べてみると、世界の動きに比べて教育の分野が大きく遅れていることに失望した。テクノロジーは私たちの生活や移動や仕事の仕方を変えているが、教え方や学び方の変化のスピードはそれよりもはるかに遅れていたのだ。

大学の教え方が、相変わらず右脳と左脳を別々に扱っていたことにも落胆した。私は、この境界線はなくすべきだと思っている。数字と創造性は共存しない、つまり創造的な人にビジネスはできないなどという先祖返り的な発想は理解できない。

私は、世界の一流大学三〇校を実際に訪れた。しかし、調べれば調べるほど、それらに私のお金や時間を提供したくなくなった。そこで私は自分で大学を作り、既存の大学とはまったく違うプログラムを提供することに決めた。

私は訪れたすべての大学で、同じ質問をした。「この大学で、一つ変えるとしたら何をしますか」

すると、すべての大学から同じ答えが返ってきた。「官僚主義をやめる。官僚主義が諸悪の根源だ」

というわけで、けっして官僚主義にはならないということがセントロ大学のDNAとなっている。私たちが作った大学は、創造的な考え方に基づいて慣例にとらわれないカリキュラムを提供している。例えば、創造性と経済性を両立させるため、カリキュラムの三〇％はビジネスと起業家精神について学ぶことになっている。映像やデジタル設計を専攻する学生も、起業家精神の授業を受けることになる。

この大学には二六カ国から三一〇人の教授が集まっており、全員がパートタイムで教えている。セントロ大学で教授を務めるための資格要件は経営者であることである。ここでは、経済に背を向けて象牙の塔に隠れていることはできない。そして、学生たちは、先生たちのように

なりたいと思っている

私は、フルタイムの教授が起業家精神を教えていることが理解できない。自分が実際にやっていないことをどうやって教えることができるのかが不可解だ。

本物の起業家は、木曜日の夜に働きながら、金曜日の朝にお金が足りるか心配する気持ちが分かっている。胃腸が強くなければ、起業家にはなれない。

私たちの大学では、すべてのカリキュラムがこの考えに基づいている。現在は、三〇〇〇人以上の学生に、八〇〇の学士号、一八の修士号、一二〇の継続教育プログラムを提供している。また、この大学では常に三五％の学生が奨学金を受けて学んでおり、これは国を改善するための私の計画の一環として行っている。私たちは、裕福な家庭出身でないというだけの理由で、入学に値する学生を拒否することはしない。

メキシコにも成長チャンスはあるが、セントロ大学の強みは教員にある。質の高い教員をこれほどそろえている大学はほとんどないからだ。そこで、私たちは外国にも進出する計画を立てている。まずはアメリカから始めようと思い、アメリカ中を調べて、開校するならばフロリダ州マイアミだと決めた。実現するのは二年後になるが、土地は確保してある。不動産業を営む私としては、極めて重要なことだ。

アメリカの多くの大学が、産業革命以前のような教室を使っているが、私たちの大学は違う。評価が高い大学でも変化に抵抗しているのはバカげている。

私は、複数の大学の理事を務めているが、教授が全能の知識源だった時代は終わった。今や、学生は手を挙げて質問するよりも速く携帯電話で答えを見つけることができるからだ。

私が大学生だったころは、教授は「すべてを知って」おり、彼らの言葉は福音だった。ところが、今は教授が間違えると学生はすぐにインターネットで確認して指摘する。現代の教授は、その役割がファシリテーター（促進者、先導者、支援者、世話人）に変わっていることを理解する必要がある。教授は、学生が学ぶ過程で指針となり、経験や考えを伝えるための存在なのである。

セントロ大学では、期末試験のために知識を詰め込んで、試験が終わったとたんにすべてを忘れてしまうようなことがないように、成績は学生の学習習熟度過程を見てつけるようにしている。

人生では、期末試験ではなく過程が大事だ。もし人生の過程が完璧ならば、最終結果も完璧になる。セントロ大学の教室には、何も固定されていない。私たちは、何が学生に最高の結果と最高の経験をもたらすかということを大事にしている。彼らは丸くなって座ったり、床に座ったり、時には枕を使っていることもある。適応力こそが新しい教え方なのである。

ダリアエンパワー

私の人生は、やっと自分の「なぜ」を見つけたことで劇的に変わった。人生には、理由が分からないままやってしまうことがたくさんある。私は、大好きな不動産の仕事をやめることはないが、若い人に刺激を与えたり人生を変えたりできることは、また違う種類の報酬であり、私が最も情熱を傾けていることでもある。

二〇年前に、私は家庭内暴力といじめに対処するための基金を設立した。このような行動はまったく許せない。この基金では、女性や子供が四カ月間生活できる安全性の高い避難場所を建てた。これが、のちのダリアエンパワーである。

また、二〇年ほど前からは、「ザ・コミッティー・オブ・２００」という組織に参加している。これは世界中の会社の女性リーダー二〇〇人を含む組織で、女性の生活と会社での成功とのバランスのとり方などについて各地の大学で講演している。

私は女性たちと話せば話すほど、彼女たちを力づけることや、彼女たちが本当は何でも望むことを達成できるということを伝えることがどれほど必要かを痛感し、何かしなければならないという思いが募っていた。

四年前には、メキシコの大統領に、G20イニシアティブでメキシコ人女性の代表として参加しないかという誘いを受けた。最初は、なぜ私に声がかかったのかといぶかった。私は政治活動にはほとんどかかわっておらず、政府の一員でもない。

しかし、それこそが私に声がかかった理由だと分かった。私は政治家に対して何の義理立てもする必要がないため、メキシコの女性に何が最も必要かということを自由に発言できるからだ。

この活動はトルコから始まり、それから中国、ベルリン、アルゼンチンに行った。私は、メキシコの女性に必要なものをG20で説明するために文書を作成しなければならなかったが、それをしながら再びイラ立ちが募ってきた。成功するためのレシピを作ったものの、その材料が手に入らなかったからだ。このレシピは、女性たちが自分のなかにある力に気づかなければ、うまくはいかないのだ。

女性たちは、会社と家庭のバランスをとることができるということに気づく必要がある。また、男性は人生のパートナーにも、ビジネスのパートナーにもなれるということを知る必要がある。そして、成功への唯一の道は協力である。これは、女性たちが自分たちの権利のために戦うということではない。この世界は、男性と女性が競争するのではなく、協調して暮らしていくべきところなのである。

そこで、私はダリアエンパワーという学校を開設し、女性がリーダー的な地位に就くために必要なスキルを徹底的に教えることにした。メキシコでは大学卒業者の五五%を女性が占めているにもかかわらず、取締役になっているのはわずか五%にすぎない。

このプロジェクトは二年前に始め、最近、ダリアエンパワーの最初のコースを開設した。これから毎年二五人の取締役にもなれるスキルを身につけた女性たちが卒業していくことになる。

私たちは、この学校をフランチャイズでチリからカナダまで開設していこうと考えている。それが実現したら、海を渡ってヨーロッパにも広げていく。私たちは実務的なハードスキルだけでなく、「人生のバランスのとり方」「マインドフルネス」「どのように子供を教育するか」「ガラスの天井を破るには」といったソフトスキルも教えていく。このような知識は、女性にとって必須だと思う。

今後は、男性向けに、会社の女性たちに力をつける方法も教えていこうと思っている。男性にも協力してほしいのだ。女性たちが、男性のみの場所から締め出されたという不満をよく聞くが、私たちは初めて男性を排除するようになる。とはいえ、ダリアエンパワーは男性と女性は助け合って働くべきだと考えている。

私からの助言

女性も自分の夢や情熱に従い、もし人生のパートナーを持つことにしても、その人と共に働くべきである。固定観念はそろそろ捨ててほしい。私たちは自分の運命の設計者なのである。私のために建物を建ててくれる人はいない。私の不動産の仕事をしてくれる人もいない。しかし、そんなことを期待する必要があるだろうか。

女性は、自分の人生で何をしたいかを自分で決め、その夢を追いかける必要がある。自分で決めたことはどんなことでも達成できる。不可能なことなどない。

成功するためにはチームワークが不可欠で、それは男性でも女性でも変わらない。私は一一歳で父を亡くしたが、父は私のヒーローだった。一方、母とはあまり性格が合わなかった。母はいつも私のことを、ノーと言っても絶対に聞かない子供だと言っていた。

母はいつも私の欠点ばかりを指摘しているような気がしていたが、今ではあれは誉め言葉だったのだと分かる。私は、ノーと言われても聞かなかったが、それによって人生で多くのことを達成してきた。

ノーと言われても、それを受け入れてはならない。助けてくれる人を見つけて、自分の目標を達成してほしい。

不動産の世界で成功するためにメンターは非常に重要だが、そういう人を見つけるのはとても難しい。もしメンターが見つからなければ、本屋に行って尊敬する人の伝記を読み、その人の人生や行動から助言を見つければよい。また、素晴らしい人がいても直接メンターになってもらえないときは、その人のリーダーシップや仕事の仕方から学べばよい。

私にもメンターがいたが、積極的に助言してくれることはあまりなかった。しかし、とても尊敬できる人だった。彼のあらゆるやり方を観察したことが、私の大きな助けになっている。彼のバランス感覚は完璧だった。私が尊敬する人たちは、みんな心の知能指数が非常に高く、このスキルを持っている人たちは素晴らしい人生を送っている。

私は毎朝、たっぷり食べる。時には周りの男性たちよりもたくさん食べることもある。また、毎日瞑想をしている。これは驚くべき活動だし、グローバル・ウエルネス・インスティテュートの理事でもあるため、瞑想をしないわけにはいかない。

私は、子供が五人いるが、毎日一〇～一二時間働いている。私の人生は、マルチタスクの能力によって成り立っている。子供たちと過ごす時間は必ず確保している。彼らは、私の最も価値ある資産だ。

女性が、家族のために十分な時間がとれないことに罪悪感を覚えるべきではない。仕事にも家族にもそれぞれ一〇〇％の時間が必要だと思うことはよくあるが、そんな時間はないのだ。

私たちはみんな自分の時間を振り分けなければならないが、罪悪感は女性にとって大きな問題になっている。しかし、罪悪感を持つ必要はないし、失敗してもかまわない。私は、挑戦をやめることが失敗だと思っている。挑戦をやめなければ、それは成功までの単なる過程にすぎない。

私の理念

これまで述べたこと以外には、正直で信頼される人であるべきだと思う。それがなければ、私たちの社会は崩壊する。私は、すべての起業家に慈善家になるよう勧めている。できれば、キャリアの早い時期から始めるとよい。身近な社会に還元する方法を見つけ、助けを必要としている人たちの力になるのだ。援助はお金でなくてもよいし、知り合いのなかにも助けを必要としている人がいるかもしれない。

また、常に一生懸命働かなければならない。努力なしに成功はあり得ない。私はたくさんの若者に起業してほしいと思っている。世界は、より多くの起業家やリーダーやロールモデルを必要としている。現在の世界には、尊敬できるロールモデルがとても少ない。自分のロールモデルからひらめきを得た人は、ほかの人にもひらめきを与えることができると期待している。

カギとなる考え方

- ●新規開発や再開発のプロジェクトに投資するときは、建設コストやタイミングを決定木の重要要素として考える必要がある。
- ●借り入れをするときは、避けることができない市場ショックや低迷期を耐えられる十分な財務状態にしておく。
- ●テクノロジーは不動産業界を驚くべき速さで変えている。そのため、これらの変化を理解し、その効果を自分の不動産事業で先取りするようにする。

●自動運転車は世界の動きを大きく変えることになり、その影響が不動産にも及ぶことは間違いない。
●ノーと言われても、それに屈してはならない。イエスになるまで努力を続ける。助けてくれる人たちを探して、自分の目標を達成する。
●正直で信頼され、ほかの人のロールモデルになれるような人になる。
●満足感や達成感は、目的と使命を持った人生を送ることで得られる。

練習問題

ジーナ・ディエス・バローソは、本物の起業家だ。彼女の、そして本書で紹介しているほかのすべての不動産の巨人たちの共通する明らかな特徴の一つは、ほかの人たちとは違う物の見方をしていることにある。普通の人は状況をそのまま受け止めるが、彼女はどうすればより良くなるかを思い描く。起業家として、バローソはリスクについても普通の人とは違う見方をしている。それは、投資の先行きにはたくさんの問題や混乱があることを分かっているからだ。しかし、彼女はこれらの問題の解決策を見つけて成功につなげることができると確信している。バローソは、失敗を認めないで、もう一度立ち上がって挑戦する。それは、彼女が自分のしていることに情熱を持っているからだ。インタビューの途中で、私は彼女のボディランゲージや彼女の存在そのものから発せられるとてつもない情熱を感じた。これも成功した企業家には必ず見られる共通したものだ。バローソの情熱は、ほかのどんなことよりも大きな影響を及ぼしている。彼女は、金銭的に豊かになることは起業家として成功することの副産物にすぎないと言う。そこで、不動産業界のなかで、どの部分が最もあなたを駆り立てるかを考えてみてほしい。あなたの夢は何か。今やっていることのなかで、これ以上やりたくないことは何か。あなたが仕事に対してバローソのようなとてつもない熱意が持てるようになるためには、どのようなことが起こる必要があるか。

第5章

エリー・ホーン

シレラ・ブラジル・リアルティ
ブラジル・サンパウロ

Elie Horn
Cyrela Brazil Realty

リスクをとらなければリワードはない

エリー・ホーンはブラジルに不動産帝国を築き上げたが、彼が生まれたのはこの国ではない。彼は少年時代にシリアのアレッポを去り、サンパウロの路上にたどり着いた。敬虔なユダヤ教徒で、熱意をもって世界に貢献している彼は自らの資金の多くを慈善活動に寄付している。

彼が恵まれない人たちを助けたいという思いを持ったのは、普通の人が初めてお金を稼ぐ年齢よりもはるかに早かった。第二の故郷で、エリー・ホーンは少年時代からお金を稼いで路上で暮らす人たちを助けていたのだ。

彼は、神が自分を世界に送り込み、試練を与え、その試練に打ち勝って世界をより良い場所にするために、可能なかぎりあらゆることを計画しているのだと信じている。彼と妻は、ウォーレン・バフェットとビル・ゲイツが始めたギビングプレッジ（寄付誓約宣言）に南米で初めて署名し、資産の半分以上を慈善活動に寄付することを宣言した。エリー・ホーンは、恵まれない人たちへの慈善活動に全力で取り組んでいる。

フォーブス誌によると、ブラジルは世界で八番目に「億万長者の数」が多い国で、過去三〇年間で新たに四二人の億万長者が生まれ、その資産額は合計一七二〇億ドルに上っている（http://www.forbes.com/billionaires/#4876f226251c）。ホーンは、自分が行動することで、ほかの億万長者たちも続いてくれることを願っている。

エリー・ホーンの慈善事業への動機は、何よりも彼の宗教的思想からきている。彼はこの世で大切なものを与えれば、次の世でそれを蓄えることができると考えている。彼の最高の瞬間の一つは、ガン手術の資金提供をしたことで命を救うことができた若い女性と会ったときだった。

貧しかった子供時代

私の成長過程において不動産が身近にあったわけではなかったし、学校で学んだわけでもなかったが、仕事を始めたとき、父と兄がすでに不動産の仕事をしていた。アパートを売買する二人を見て、私も同じことをすることにした。最初は何の知識もなかったが、父と兄の助けを借りながら始めた。

私は少ない頭金でアパートを買い始めた。一〇%の頭金を現金で払い、残りの九〇%を銀行から借り入れていた。これを、九〇日で転売しなければ、銀行に返済ができず、投資先も失うことになる。私は、ほとんどのアパートを転売することができれば、何とか生き延びられると思っていた。

時には、ダモクレスの剣のように九〇日の期限が迫るなかで、徹夜で契約をまとめることもあった。週末に休んだり、交渉を遅らせたりする余裕はなかった。もし朝の四時に交渉したい人がいれば、朝の四時にかけつけて契約を取り付けた。勤勉と熱意によって、取引の九〇%は三カ月以内にアパートを転売していった。

私が最も気に入っている投資は、私に出資してくれている投資家たちにとって最も利益が上がった案件であった。これは、リオデジャネイロで新規開発した多目的の物件で、集合住宅やオフィスビルを建設し、一八〇〇万ドルの利益が上がった。このようなリターンは、一九八〇年代当時としては素晴らしいとしか言いようがなかった。このときは、八〇〇の住宅と一〇〇〇のオフィススペースがすぐに売れた。

素晴らしい案件については誇らしく思うが、うまくいかなかった案件のほうが学ぶことはとても多い。あるとき、私はある集合住宅に行った。ここは一〇〇戸あるうちのわずか二戸しか売れていなかった。これは私たちの失敗で、需要を適切に見積もっていなかった。簡単に言えば、広さが間違っており、この市場では価格が高すぎた。最大の努力をしたつもりでも、九八％が売れ残ってしまった。

トップに上り詰めた経験豊富な不動産業者でも、間違いを犯すことはある。そうなったときに、そのことに打ちひしがれたり、身動きできなくなったり、やめたりしてはならない。そうではなく、その間違いから学び、二度と繰り返さないようにするのだ。いくつか失敗しなければ、成功はできない。

同様に、ある程度のリスクをとらなければ、高い潜在利益を期待するのは難しい。不動産投資は、リスクとリターンのチャンスということに尽きる（**図5―1**）。現実的なリスクをとる代わりとして、金銭的な利益の可能性がなければ意味がない。リスクをとるときは、そのすべ

図5－1　リスクとリターンのレベルを具体的に見る

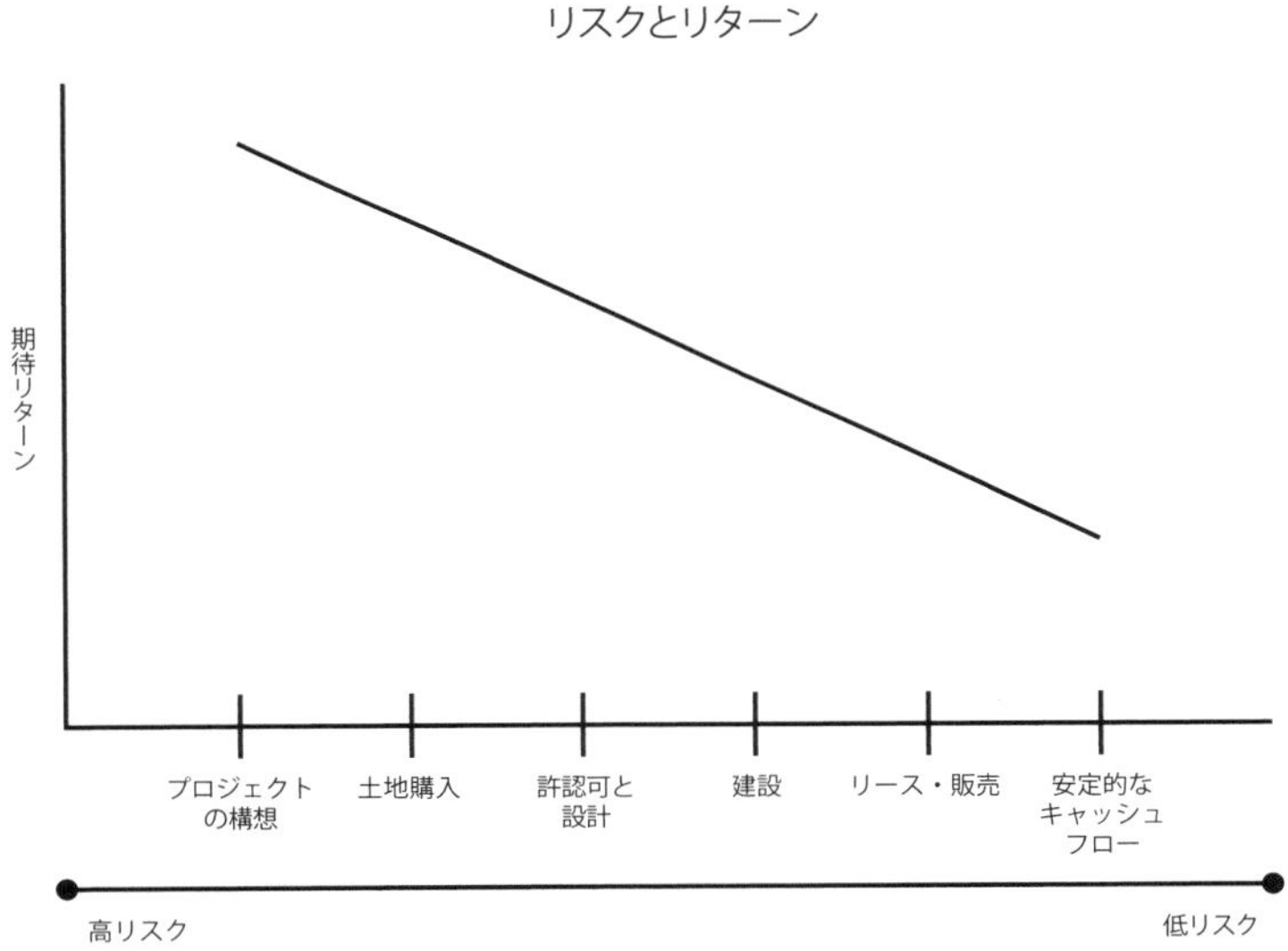

てを理解し、できるかぎり軽減することを学ぶ必要がある。

ビジネスで成功するために、好奇心は欠かせない。不動産のどの分野においても、専門知識を得るための燃料になるからだ。私の会社にはたくさんの機会があるが、先に進める案件はほんのわずかしかない。最善の判断をするためには、そのプロジェクトがどれくらい実行可能かを理解する必要がある。**図5－2**に、プロジェクトが実現しない理由をいくつか挙げてある。

私たちの会社は、主に新規開発を行っている。まずは、その時点のマクロとミクロの問題、銀行からどれだけ借り入れができるか、案件の価格、建築にかかるあらゆる費用（鉄、セメント、

図５－２　最善の案件を絞り込んでいく過程

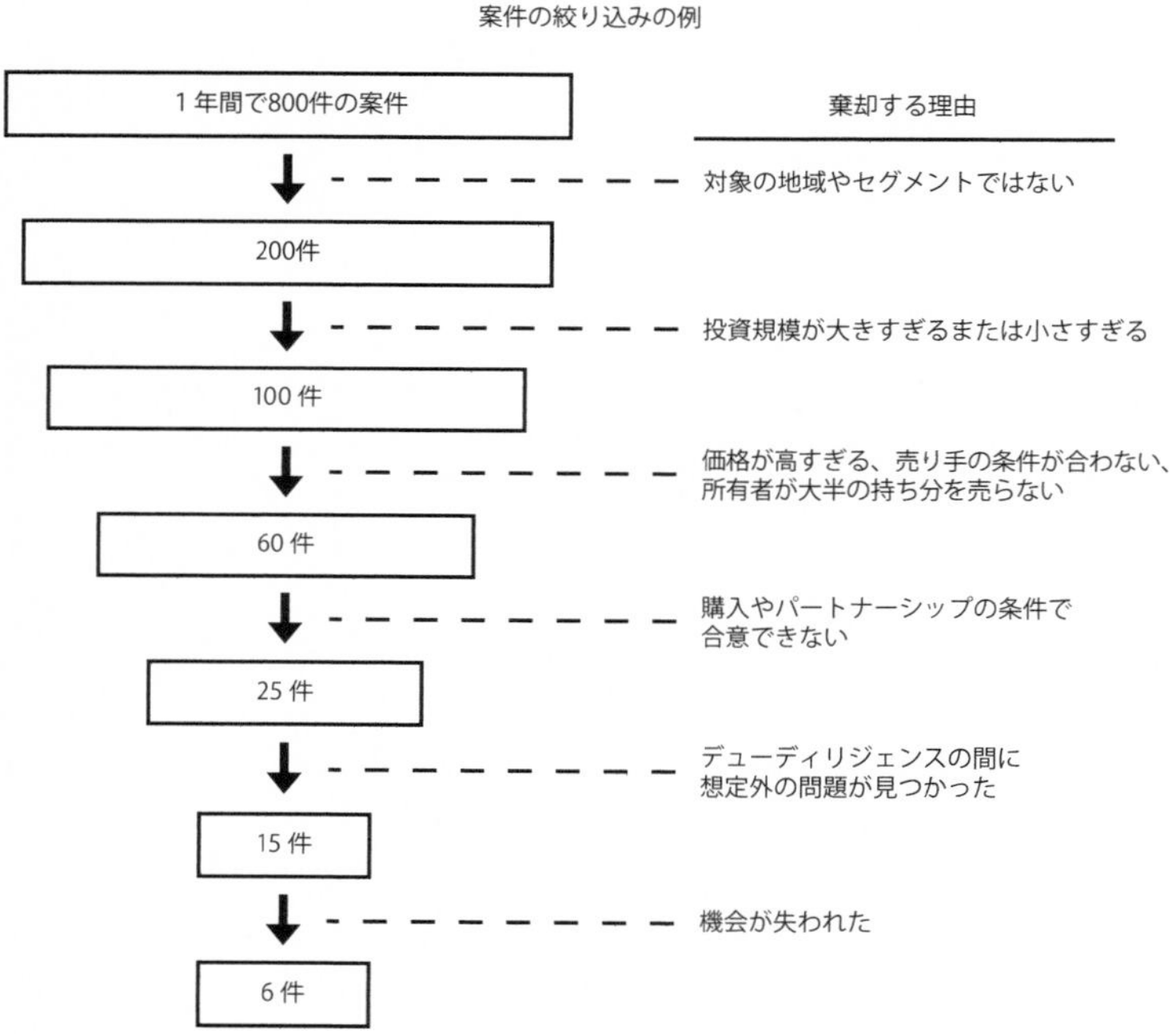

エレベーター、大理石、窓ほか）、土壌や土地、集合住宅が完成したときにいくらで売れるか、どれくらいの速さで売れるか（吸収速度）などを検討する。もちろん、検討事項のごく一部だが、このようなことから始める。

　取引を検討するとき、特に初めての場合は間違いを減らすためにできるかぎりの情報分析をすること。ただ、ここでは「防ぐ」のではなく「減らす」と言っていることに注目するべきだ。間違いは避けることができない。目指すべきは、間違いが起こったときに下方リスクを最低限に抑えることだ。私は、一〇〇戸の集合住宅の取引で間違って良かったと思っている。これが八〇〇戸だったら、もっと大きな金額を失っていたからだ。

不動産の仕事を初めてすぐのころは、技術革新が目覚ましい分野に注目するとよい。新しい建築方法や設計や販売やリースなどについて学び、自分が誇れる会社を作ってほしい。また、市場の動きをできるかぎり理解してほしい。人々が、仕事や生活でこれまでとは違うタイプの空間を求めていることや、さまざまな技術がすべてを変えてしまうことなどだ。

みんなが住みたい場所も、ドローン配達やウーバーや自動運転車の登場でまったく変わってしまった。世界の動きに注目し、先を見据え、予測していけば、本当の成功にたどり着くことができる。

また、どのような取引においても借り入れは重要な部分で、私の資金調達はバランスを大事にしている。私の仕事である新規開発では通常、借り入れの割合を五〇～六〇％にしているが、それを超えると危険で痛みを伴うことになるので、この水準に抑えている。ちなみに、不動産の最高のチャンスが見つかるのは、たいてい資金調達が非常に難しいときだということを覚えておくとよい。

不動産で成功するためには、自分を向上させていくことも欠かせないステップとなる。この仕事では、交渉が最も大事な部分に見えるかもしれないが、正直で、辛抱強く、知性を磨き、とにかく懸命に働くことも欠かせない。

また、成長し、拡大していくときに、自分が世界にどのような影響を与えていくのかということも頭に入れておいてほしい。ほかの人たちのことに思いを巡らし、どうすれば世界をより良くできるか考えるのだ。慈善の要素がないお金は価値がない。どんなことでもよいから、みんなの役に立つことをしてほしい。私が犯した最大の間違いのいくつかは、プライドやエゴや怠惰が原因だった。そのときは、関心が仕事ではなく自分自身に集中してしまっていた。

人は大金を稼ぐと、贅沢な生活に慣れていくが、そのときに道を見失いやすい。不動産での成功によって、目標を見失ったり、華やかさに気をとられたりしてはならない。

取引がうまくいくと、良い心理状態を保つことができるが、困難に見舞われたときこそ不屈の精神が試される。心を鍛えることは欠かせない。毎日、知識やひらめきで心を育てていってほしい。

人生は戦いであり、その戦い方を知っておく必要がある。神は人間を特定の意図を持って作り、それぞれに異なる性質を与え、みんなが成功できるようにしたが、それはけっしてすんなりとはいかない。変化はただの可能性ではなく、必然なのである。

成功をもたらすのは、次に何が来るかを予想する能力ではなく、それが来たときに適応する能力だ。心の準備を整えておけば、適応すべきときにそれができる。私には、市場をいつ次のショックが襲うのかも、次の大チャンスがいつ来るのかも分からないが、それらがいずれ来ることは分かっている。

学び続ける

私の旅はまだ終わっていない。私に敬意を表してくれる人がいることは誇りに思うが、私はただ父や兄のまねをして多少の成功を手に入れただけだ。

メンターや学びを得られる人を持つことはとても大事だ。私は、ビル・ゲイツやウォーレン・バフェットを尊敬している。彼らは賢くて、史上最も卓越した慈善家だからだ。また、不動産業界における希代のプレーヤーであるサム・ゼルも尊敬している。

私は、生活のなかで運動や健康も大事にしている。病気になれば、必要な取引もできない。チャンスは待ってくれない。私は毎日祈り、ジムに行き、慈善活動に励んでいる。これらは、私の生活のなかの最も重要なルーティンになっている。

また、私は人生の意味について熟考したり瞑想したりすることにも多くの時間を割いている。私の愛読書は不動産関連ではなく、宗教に関するものだ。なかでも、ラビ・モシャ・チャイム・ルザット著『ザ・ウェイ・オブ・ゴッド（The Way of God）』と、ラブ・チャイム・オブ・ボロジン著『ザ・ソウル・オブ・ライフ（The Soul of Life）』が気に入っている。私は、これらの本から刺激を受け、大きな影響を受けた。私は、自分が注目する分野以外の知識にも目を広げるようみんなに勧めている。

私の理念

私が人生で下してきた判断は、次の四つの原則を指針としている。

①善良な人になる
②神を信じる
③賢明に働き、生産性を高める
④人生に意味を与える

助言や知恵が欲しいときは、みんなに教えているような生き方をしている人を探すとよい。不動産の仕事で危険なことの一つは、不動産に直接かかわるのではなく、不動産について教えることで生計を立てている人がたくさんいることである。後者は無視して、前者に従ってほしい。

カギとなる考え方

●物件に投資する前に、具体的な需要を適切に評価しておく必要がある。製品は自分のためではなく、エンドユーザーや顧客のために作っていることを理解する。根底の需要を理解していなければ、大きなリスクをとることになる。

●懸命に働く。競合相手よりも働けば、いずれ報われる。だれよりも働く。

●いずれ間違うこともある。そのときに、打ちひしがれたり辞めたりしてはならない。そうではなく、間違いから学び、それをけっして繰り返さないようにする。

●ある程度失敗しなければ、成功もない。

●不動産のどのセクターでも、自分が誇れる仕事をする。市場がどの段階にあり、どこに向かっているのか、仕事や生活の習慣がどのように変化しているのか、技術が今後も変化を牽引していくのかなどといったことを理解する。

●世界は急速に変化している。先を見据え、予測していくことが本当の成功につながる。

●すべての取引において借り入れは重要な部分である。ただし、六〇％を超える借り入れはしない。

●不動産で成功しても、謙虚さを忘れず地に足を付けて生きる。

●心を鍛えることは必須。不動産の仕事で低迷期に直面したときに備え、困難な時期も立ち向かっていけるようにしておく。
●助言が欲しいときは、自分が助言してほしい分野ですでに成功している人を探す。

練習問題

自分がかかわる市場を知っておくことは大事だ。気づいたと思うが、エリー・ホーンは投資をする前に、自分が参入しようとしている市場について細かいところまで調べている。不動産の巨人たちは、みんな自分が投資する厳選した市場について深い知識を持っている。最新の市場トレンド（住宅価格、キャップレートの推移、新しい建設のパイプライン、インフラ改善の新たな可能性、主な貸し手と彼らの住宅ローンの条件、失業率、個人消費を含むさまざまな傾向）を知ることで、不動産投資家として現在の状況を理解し、将来の計画を立てることができるからだ。不動産の巨人たちは、トレンドが変わりそうなときや、良いチャンスが来そうなときに、すべてではなくともさまざまなケースについて推定している。

あなたが分析している不動産のチャンスについて、重要な市場トレンドを一五ほど挙げてみよう。そして、それらがあなたの投資にどのようなメリットや影響があるかを考えてみよう。

第6章

リチャード・ザイマン

アーデン・リアルティ・アンド・レッドフォード・インダストリアル
アメリカ合衆国カリフォルニア州ビバリーヒルズ

Richard Ziman
Arden Realty and Redford Industrial

成功とは違いを生むこと

不動産の大御所で、慈善家としても知られているリチャード・ザイマンは、常に将来に目を向けてきた。世界を変えたいという彼の情熱は教育に向けられており、知識を伝え、持続するものを作り出すことを使命としている（彼の未来観と比べると、建物の寿命は短いが）。彼は五〇年間、さまざまな形で地域に還元するための称賛に値する努力を続けてきた。ザイマンは、不動産の巨人になる前から、社会的大儀に投資してきた。身の回りへの投資は、いずれ配当を返してくれる。

近年、ザイマンは本業のかたわら、ＵＣＬＡ（カリフォルニア州立大学ロサンゼルス校）ザイマン・センター・フォー・リアル・エステートを設立した。ここは、ザイマン自身の寄付によって設立された強力な教育機関で、若者が不動産について学ぶことができる。彼は、不動産業界のトッププレーヤーとして何十年もかけて身につけてきた知恵を次の世代に伝えていくために、今でもＵＣＬＡやそのほかの大学の理事を務めている。

人はだれでも、世界をより良い場所にするという道徳的義務を負っている。そして、この巨人はそれを実践している。生涯をかけた慈善家であるリチャード・ザイマンは、医学研究から世界各地の教育まで、数多くの驚くべきところに寄付をしてきた。貧しい家庭で育った人でも、教育によって周りの世界を変えることができる地位に就くことができるからだ。

若いころ

私は不動産とかかわるずっと以前に、父に誇りに思ってもらいたくて歯科医になろうと思った。そこで、アメリカ一の歯学部がある学校に入ったが、二日でやめた。自分の選択が間違いだったことに気づいた私はロースクールに行くことにした。

時は一九六四年、アメリカはベトナム戦争への参戦が迫った騒然とした時期だった。ロースクールは想像以上に厳しいところだった。特に、ある教授のおかげで（仏心で名前は書かないが）、私は生き地獄を味わった。ちなみに、彼の標的になったのは私だけではなかった。彼は、私たちの生活を精神的にも感情的にも悪夢に陥れた。教授の異様な行動に、同級生は全員彼が辞めさせられると思っていたが、そうはならないまま学期が過ぎていった。たった一人の教授のおかげで、私の法律への情熱は消え失せた。

彼以上に怖かったのは、たった一つ、ベトナム戦争だった。私がロースクールにとどまったのは、入隊を避けたかっただけでなく、父を喜ばせたかったからだった。大きな犠牲を払って私をこの場所に送りこんでくれた父のことを考えると、辞めるという考えはみじんも浮かばなかった。そこで、私は猛勉強して、この難局を乗り切ろうと決めた。

ロースクールを卒業した瞬間、召集令状が届いた。当時、これは死の宣告と同じだった。身体検査を受ければ徴兵され、ベトナムに送られ、おそらく死ぬことになる。

私は抵抗した。徴兵委員会に向かって、入隊はできないと説明した。仲の良い友人がすでに二人ベトナムで死んでいた。弁護士になったのに最初の職にすらつかないままベトナムに行って、友人のあとを追うことなどできなかった。驚くべきことに、その後、徴兵委員会からの連絡はなかった。今日に至るまで、招集されなかった理由は分からない。

ロースクールを卒業したとき、私は幸運にも三社から誘いを受けていた。私は、大手法律事務所のローブ&ローブに月給五〇〇ドルで就職した。ちなみに、妻は当時教師として私の倍以上の月収一一〇〇ドルを稼いでいた。

私は、何カ月も昼夜図書館で先輩弁護士のための調べものに明け暮れ、魂が抜けていくのを感じていた。そしてついに、会社のマネジングパートナーの部屋に行き、「この仕事はもうたくさんです。人のために調べ物をするために七年間かけて弁護士になったわけではありません」と言った。彼はこの訴えを面白く思わなかったが、厄介払いをしたかったようで、弁護士の一人が合併案件で人手が足りないから手伝うよう言われた。司法試験からわずか二年後のことだった。

私は、マネジャーが指示した弁護士に会いに行った。すると、部屋に入った瞬間、今からヨーロッパに出張だから、留守の間にいくつかの不動産案件を処理しておいてくれと言われた。私は、ロースクールで不動産関連の勉強は、資格試験のため以外にしたことがなく、ビジネス関連の授業も受けたことがなかった。しかし、この瞬間、これはチャンスだと思った。そして、このような状況でだれでもするように、知ったかぶりをした。「分かりました。やっておきます」。それから急いで知り合いに片っ端から電話して、権原保険、住宅ローン、譲渡証書、信託保証、売買契約書などについて質問した。

チャンス

最も難しいのは、チャンスを得ることだ。知識は探せば見つかる。時にはチャンスが向こうからやってきても、まだやり方が分からないからと断ってしまいたくなるときがある。しかし、学ぶことはいつでもできるし、今日でははるかに簡単になった。必要な情報は、すべてインターネットで探すことができるからだ。私が知ったふりをして不動産の仕事を始めたのは、まだファクスすら発明されていないころだった。

私は適応し、克服する方法を見いだした。私はこの弁護士から必要な書類をもらい、奇跡的に二つの契約を年末までに取りまとめた。当時、私は司法試験には合格していたが、宣誓すらしていなかった。

それから三年で、私はこの法律事務所のパートナーになった。通常は七～九年かかるところだ。私は不動産弁護士として精力的に活動し、会社は二～三年でアメリカ最大の不動産弁護士事務所になった。

一九六九年、私は顧客の銀行家からＲＥＩＴ（不動産信託）への参入を誘われた。当時、この商品は法律的には可能だったが、実際にやっている人はいなかった。結局、私たちは四九〇〇万ドルのＩＰＯ（新規株式公開）を行った。これは、当時としては相当な金額だった。

私たちは、時価総額が数十億ドルなどといった数字に慣れてしまって、ほんの二〇～三〇年前のお金の価値を忘れがちだ。今では、まだ何も売っていない（一ドルの利益も上げていない）シリコンバレーの会社に、投資家が何十億ドルもの価格を付けている。しかし、六〇年前の四九〇〇万ドルは、とてつもない金額だった。

その一〇年後、私は自分のほうが顧客よりも賢いと確信し、法律家として不動産にかかわるのをやめた。不動産の仕事についても、それにかかわる人たちも知っているのだから、失敗しようがないと思ったのだ。これは大いに間違っていた。

私は、不動産業に転じたその日に約九〇平方メートルのオフィスをリースして、すぐにカリフォルニア州カーメルのビルを買う契約を結んだ。ここはタイムシェアの施設にするつもりだった。

また、ミシガン州デトロイト郊外のサウスフィールドで、高級地域にある複合施設内の高層ビル数棟と集合住宅約二〇棟を買った。私は、これらのビルをコンドミニアムに作り替えようと思っていた。これは、ロサンゼルスの弁護士としての私の得意分野だった。ところが、これらのビルを買ったあと、デトロイトではコンドミニアムへの改築などだれも知らないことに気づいた。

私は弁護士として、ハワイの顧客のためにもコンドミニアムを手掛けていたため、今回も何とかなるだろうと思っていた。ところが、当時のカーター大統領が五・五％の金利では低すぎるとして利上げを行い、金利は二五％に跳ね上がった。集合住宅を買うために五二五〇万ドルを借り入れていた私にとって、金利が四倍になってしまったのだ。私は、周りの世界が崩れ去っていくような気がした。しかし、この苦境から這い出すための道を必死で探った。

翌年、連邦政府は私の借入先の銀行の資金を没収した。このことは、私と私のパートナーたちにとって自分たちの負債を買い取るチャンスとなった。

私は、自分に対するローン債権を買い取って個人的な負債をなくし、集合住宅を売却してロサンゼルスに戻り、オフィスビルだけに集中特化しようと決めた。

私は典型的な失敗をした。自分はすべて分かっていると思い、的外れなことをしたのだ。間違った市場で間違ったタイプの商品を売ろうとしても、うまくはいかない。過去の経験や人間関係や知識によって、大金を借りることができたが、これは間違いの規模を拡大したにすぎなかった。

一九八二年、私はカリフォルニア州ハリウッドのオフィスビルを初めて買った。そして、すぐに転売して一〇〇万ドルの利益を得た。そのとき、自分が不動産の野望をかなえるためにはどこに集中特化すべきかを悟った。私は、オレンジ郡サンフェルナンドバレーをはじめとするカリフォルニア州各地でオフィスビルを買い、裕福な友人たちとシンジケートを組んでいった。一九八五年には、所有面積が約五六万平方メートルになり、八〇人の社員がいるパシフィック・ファイナンシャル・グループという会社の支配株主になっていた。

私の話から学ぶべきことがあるとすれば、上がるものは必ず下がるということだ。

一九八九年、二つの異なる出来事が私の会社を破綻の危機に陥れた。一つ目は、日本人が非常に低いキャップレート（つまりかなりの高値）であらゆるものを買い始めたことだった。そして二つ目は、アスベストの害が広まったことだった。

ある日、私はウォール・ストリート・ジャーナル紙の右端のコラムで、エクイタブル生命やプルデンシャル生命を含む数社が、耐火材としてアスベストを使っているビルには融資をしなくなることを知った。

この短いニュースが私を心底震えさせた。私は不動産管理士に電話をし、私たちの所有するビルのなかでアスベストを使用しているものがどれだけあるか尋ねると、二五％という答えが返ってきた。

幸い、当時は日本人があらゆるものを買っていたため、私は彼らに売却することにした。当時、東京のビルには大量のアスベストが使われていたため、彼らはあまり気にしていなかった。それから一六カ月で、私は少しずつアスベストを使用しているビルを売却していった。

私たちはぎりぎり持ちこたえた。八〇人いた社員はわずか八人に減り、一九九一年には大規模な不動産不況に突入していた。

私はトレーラーハウスの駐車場を買い始めた。ここならば、みんなが駐車しようとするだろうし、条件もかなり緩いと思ったからだ。最初は政府の援助があったが、だんだんその資金も枯渇していった。

一九九三年、私はまたウォール・ストリート・ジャーナル紙を読んでいて、ロサンゼルスがアメリカの小企業設立を牽引しているという記事を読んだ。これはオフィスビルのセクターに戻るチャンスだと思い、セントラルバレーとビバリーヒルズに一棟ずつ、代替コストよりもはるかに安く（七〇％引き）オフィスビルを買った。

事業が再び軌道に乗り始めた一九九四年に、カリフォルニア州をノースリッジ地震が襲った。私はチャンスだと思った。みんなは逃げまどっていたが、私は危険に立ち向かい、後退するつもりはなかった。みんなが投資を怖がっているときは最大のチャンスでもある。

そのころ、過去に取引をしたことがある男性（正直言ってあまり好きではなかった）から連絡があり、彼のパートナーが南カリフォルニアにあるオフィススペースについて、賢くて挑戦的な買い手を探していると言ってきた。

何年か前の彼との取引は紆余曲折があったため、また苦労すると思うと、この話に飛びつく気にはなれなかった。私は躊躇しながら、相手はだれかと聞くと、それは秘密で、大量の機密保持契約書類に署名しなければ、絶対に明かせないと言う。

それでも彼は、これが私にとって最大の取引になると説得した。私は興味を持ち始め、結局は機密保持契約に署名することにした。このパートナーというのが、リーマン・ブラザーズだった。

彼らは私と組みたがっていたが、私にその気はなかった。そこで彼らは、私の取引に数％の金利で九五～一〇〇％の資金を投入し、そのあとも積極的に出たい場合はさらに資金を提供してくれた。

私たちは一九九五年には、二〇の物件で延床面積約三七万平方メートルを所有していた。あるとき、私がいつも連絡をとるリーマン側の担当者が、彼らが私の会社の株を公開したがっていると言ってきた。しかし、私は懐疑的だった。不況のさなかに不動産会社の株を公開するなど聞いたことがない。株を公開するのは非常にお金がかかるため、金銭的に大きなリスクがあるのだ。

それでも、結局は彼らに説得されて、これは正しい判断だと思うようになり、根気のいる準備作業が始まった。このころ、不動産会社のＩＰＯは二～三年ぶりのことだった。しかし、新たな規制の下で、非課税のリミテッドパートナーシップを形成すれば、昔からの大手デベロッパーは焦げ付いているポジションを新しい媒体に作り替えて株を公開することで資金を調達し、生き延びられるようになっていた。

この新法は、一九九〇年代初めに可決され、私たちはそのあと株を公開する初めての会社となった。当時、株を公開して新しいビジネスを始めようなどという人などもちろんいなかったが、私はうまくいく方法が見つかる気がしていた。私たちの会社は、南カリフォルニアに特化していた。

結局、私たちは四億三〇〇〇万ドルを調達し、リーマン・ブラザーズのすべての負債を返済したうえで、新たに四億三〇〇〇万ドル相当の上場株を所有することになった。ほかにもいくつかの借入先を合わせ、私たちの借入額は五億五〇〇〇万ドルに上っていた。銀行からこれほどの与信を獲得したＲＥＩＴは私たちが初めてだった。

多額の資金調達が可能になったことで、私たちは物件を買いまくった。一九九六年九月から一九九九年まで、それまで所有していた七四万平方メートルに加えて、一取引で四六万平方メートルの案件を含め、私たちのポートフォリオは総延床面積一三〇万平方メートルに膨れ上がった。そして、二〇〇五年には一八六万平方メートルを管理するようになっていた。私たちは、南カリフォルニア最大の不動産持ち株会社になっていた。

ファミリービジネス

その一方で、私は個人的にも工業用不動産を所有していた。初めて工業用ビルを買ったのは、まだ弁護士をしていた二六歳のときだった。当時、私は父を工業用ビルの世界に引き込んだ。

父は元は家具職人だったが、価格は安く、生活はぎりぎりだった。

私はいくつかの場所でビルを買い、父や兄弟たちと一緒に管理していた。一九九五年には四人の兄弟と私で正式にパートナーシップを設立した。のちには姉妹のフィリスも加わり、そのあとは私の子供や孫も加わって、共同でこの同族会社を運営している。日々の資産管理は、私の弟が行っている。

不動産事業の良いところは、ほかの人たちにもたくさんのチャンスを提供できることだ。私は、不動産事業の成功によって家族を養い、父に恩返しができた。父は私にチャンスを与えるためにたくさんのことを犠牲にしてくれただけでなく、彼の愛と献身と信頼がロースクールや苦しかった時期や孤独だった時期を残り超えさせてくれた。

二〇〇一年、私がこのファミリービジネスを構築していたとき、何か分からないことがあると父の幼なじみのハワード・スイマーに電話をしていた。彼は有名なブローカーで、主に工業用不動産を扱っていた。知りたいことがあると彼に電話をかけ、教わったことを家族に話すと、みんな私のことを天才だと思ってくれた。

メンター

私の人生には、主なメンターが三人いる。一人目は父だ。都会で生きるすべを身につけた移民の父は、素晴らしい人物だったが、一九八四年に交通事故で亡くなった。父が亡くなったことはとても寂しい。父の献身と助言がなければ、今日の私はなかった。そして、母も一九九八年に亡くなった。

人生の二人目のメンターはジョン・クリードマンで、彼は素晴らしいメンターであり先生だった。不動産デベロッパーで、顧客でもあった彼は、すべての取引において、のちの救済のために必ずあと二つの取引をしていた。具体的に言うと、彼は不動産業界でマーフィーの法則を実践していた。彼にとって、うまくいかない可能性があることは必ず三回に一回はうまくいかず、言い換えれば、あとの二つは必ずうまくいった。彼は不運な目にもたくさん遭っているが、特大の成功も収めた。彼には頻繁に驚くべき出来事が起こり、私にとっては素晴らしい学びの場でもあった。

三人目のメンターは、アーサー・ギルバートである。二〇〇一年に亡くなった彼は、世界最大の個人アートコレクターの一人であり、投資家でもあった。彼のコレクションは、今はロンドンのビクトリア・アンド・アルバート博物館やギルバート・トラスト、ギルバート・ファウンデーションなどで所蔵されている。彼はそれ以外に、四二〇〇万ドルの現金と、六五〇〇万ドル相当の不動産と、おのおの一〇万ドルの残高がある四〇〇の銀行口座を残した。これを見ると、彼の株式市場に対する考えが分かる。

彼は、私ともう一人のパートナーの二人を、彼の莫大な資産の管財人として指名してくれた。

それとは別に、五億ドルの価値があった彼のアートコレクションは、イギリス史上最高額の寄贈物となった。ナイトの称号を賜ったエリザベス女王の恩に報いたのだ。彼のコレクションは、今では年間四億人が訪れる世界有数の美術館で見ることができる。

残りの信託財産は、一億五〇〇〇万ドル相当の有価証券と代替投資資産が占めている。私とパートナーは、代替投資資産を使ってこの信託が最も洗練され、尊敬される基金の一つとなるように、教育や健康や文化などを支援することにした。イスラエルの二七のプログラムを始めとして、カリフォルニア州北部のバークレーの四つのプログラム、残りは主に南部のＵＣＬＡ、エルサレムにあるヘブライ大学、そして、シティ・オブ・ホープ病院（ロサンゼルス郊外にあり、世界的な癌研究を行っている病院、私が一時期会長を務めていた）などに資金を提供している。

完璧な取引を探す

異なる投資は異なる理由で役に立つ。三〇万ドルで買った家を八年後に三〇〇万ドルで売れば素晴らしい取引と言える。八万九〇〇〇ドルで買った家を一〇年後に一〇〇万ドルで売っても、良い取引と言える。不動産はお金のために買うのか、それとも家族が根を張る場所を作るために買うのかによって、評価は変わってくる。

目指すべき素晴らしい取引は一つではない。あなたにとって良い投資の目的は、戦略によって違ってくる。不動産における目的は、良い取引をたくさんすることだ。大きく儲かるときもあるだろうが、失敗取引はなるべく少なくしたい。だれにでも失敗取引はあり、それもこの仕事の一部だと想定しておくべきである。リスクをとらなければ、リワードもないということだ。

私は、不動産で成功するための要素は主に四つあると考えている。最初の二つはタイミングと立地だが、立地はタイミングほど重要ではない。悪い立地の物件を買うことはそうはないからだ。不動産を買うときは、立地は少なくともまあまあだと思って買うはずだ。しかし、その物件を買っていずれ売るか借り換えをするときは、タイミングが重要になる。いつ買うかが、いつ売るかとその損益を決めることになるからだ。

三つ目の要素は、借り入れのタイミングである。金利は三％なのか七％なのか、借り入れ比率は六〇％なのかそれとも八〇％なのか、といったこともタイミングに左右される。

そして四つ目の最も重要な要素が需要を理解することである。遅かれ早かれすべては需要によって決まる。資金調達の可能性も、空室を埋め、いずれ賃料を上げられるかどうかもこれによって決まる。需要がなければ、空室が増え、負債を返済できなくなり、苦境に陥る。問題は、すべて需要の影響を受けるため、忍耐強く分析する必要がある。需要を生み出すすべての要素を検討するのだ。資金調達の可能性、景気の状況、対象の市や州のＧＤＰ（国内総生産）成長率、雇用創出、市場の在庫などを検討するとよい（これらの情報の多くはウォール・ストリート・ジャーナル紙に載っている）。また、税制改革のニュースや株式市場などを総合的に分析すれば、需要は見えてくる。不動産で最大の間違いは、需要を理解しないことである。うますぎる話があると、私たちは貸し手や投資家に約束しすぎ、借金しすぎ、それがのちの破綻を招きかねない。

正しい考え方を心がけながらも、自分の力を信じ、自分の判断を信じる必要がある。また、批判に耳を傾け、他人から積極的に学んでほしい。低迷期には考え方が命運を左右する。苦しい時期には、自分を信じることが重要な意味を持つ。

そして、何よりも自分の体と心の健康を保つようにする。家族や友人や仲間とは、深くて強い関係を築きたい。また、自分が得意な仕事を選び、社会や慈善事業とかかわる助けになるスポーツや仕事以外の活動にも参加するとよい。

カギとなる考え方

●チャンスがやってきたときに、失うものがあまりなければ、準備ができていないと思ってもやってみるべき。
●金利の状況や専門家の考えを理解する。特に、新興国に住んでいる人や、変動金利で借り入れている場合は重要。
●不動産の仕事を始めたばかりの人は特定の地域の特定のタイプの物件に絞って、知識や人脈やスキルを深めるのが望ましい。
●市場が低迷し、弱含んでいるとき（つまりライバルの多くが不動産を買わないとき）に買うと、最高の投資になる可能性が高い。
●不動産の良いところは成功するとほかの人たちを助け、チャンスを与えることができること。
●メンターは成功するための重要な指針となり、ビジネスの誤った判断を阻止してくれる。
●不動産の仕事の目標はたくさんの良い取引をする一方で、悪い取引をできるだけ避けること。
●不動産で成功するための四つの主な要素は、①良い立地を選ぶ、②買うタイミングを選ぶ、③正しいタイミングで資金を借りる、④需要を理解する。
●低迷期は考え方が重要。苦しい時期は自分を信じることが絶対に欠かせない。

練習問題

リチャード・ザイマンは、特定の地区や市で高い需要があるのに質の高い物件の供給がないときは価格が上がるということを、卓越したレベルで理解している。もし景気が悪化しているなか（あるいはそれ以外の理由）で、ある物件にほとんど需要がなければ、供給過剰になって価格は下がる。この本質的な原則を念頭に置いて、あなたが投資を検討している物件の需要を牽引している主な要因について考えてみてほしい。検討対象がなければ、近所の適当な物件について考えてみるとよい。例えば、周辺の地域や商業圏の人口と雇用の増減、開発の伸び（古い不動産が入れ替わっているか）、移転が増えているか（移転は周辺の受け止め方に左右される）、その地域や市の過去の経済状況、市のなかで成長率が速いのはどの地域か、どの会社がどの場所に新たに事務所や倉庫を開設しているか、どのような新しいインフラが構築されたり開発されたりしているか、人口動態や住民の平均年齢はどうなっているか、スマートフォンやインターネットを使っている住民がどれくらいの割合でいるか、その物件はサービス拠点（学校、病院、駅など）からどれくらい離れているか――などを分析するとよい。

第7章

ロバート・フェイス

グレイスター
アメリカ合衆国サウスカロライナ州チャールストン

Robert Faith
Greystar, Charleston

不動産は起業家精神を発揮できる仕事

南部のもてなしと言えば、ロバート・フェイスをおいてほかにいない。彼は、カジュアルな服装で出社し、経営する会社は壁がほとんどなく、いつも笑顔でグレイスターのチームが楽しく効率的に協力できる環境を整えている。

フェイスは、最初は父のあとを継いで石油技術者になるはずだったが、その進路は三〇年以上前に大きく変わった。そして、賃貸住宅の投資と開発と管理を手掛ける世界最大のグループを設立した。

大学で工学を学んだ彼が卒業したとき、求人はほとんどなかった（一九八〇年代初めの不景気の時期だった）。そこで、彼は多くの若い起業家がするように、職探しをやめて学校に戻った。不況を避ける完璧な方法だ。

彼は、ハーバード・ビジネススクールに入学し、ＭＢＡ（経営学修士）を修得すると、アメリカ最大の土地開発会社の一つであるトラメル・クロウに就職した。この会社は、国内の一流ビジネススクールの卒業生を採用し、とんでもない試練を与える傾向があった。すると、優れた人材はトップに躍り出て、まあまあの人は沈んでいく。

当時、トラメル・クロウでは金融危機に発展した貯蓄貸付組合（Ｓ＆Ｌ）破綻の事後処理をしていた。フェイスの最初の仕事は、問題を抱えるプロジェクトから撤退することだった。

彼は、この始めたばかりの仕事で、好んで難問解決に取り組んだ。必ず解決策はあるということが分かっている彼はプラス思考を広め、士気を高める人物として知られるようになった。

一九八〇年代が終わるころには、トラメル・クロウで数々の経験を積んで、自分の会社を作る準備ができていた。

一九九一年、彼はハーバード時代の友人のバリー・スターンリットと一緒にスターウッド・キャピタルを設立した。そして、その二四カ月後にはグレイスターを設立した。

彼自身の言葉より

不動産は、大企業に支配されていると思われているが、それはまったく違う。世界にはたくさんの土地がある。どこにいても、周りは土地だ。不動産市場はいまだに細分化されており、それは起業家精神を発揮できるということでもある。

巨額の資金を持ったビッグプレーヤーもいるが、彼らが関心を示さない何百万件もの小さな取引もある。ニューヨークの高層ビルに投資している人は、アメリカ中部の小さな町にある一軒家を転売しようとは思っていない。彼らにとっては専門外で、金額的にも小さすぎるからだ。つまり、不動産に新たに参入してもチャンスはたくさんある。

私は、昔から起業をしたくてうずうずしていた。私が不動産の仕事を始めたのは、世界的な大規模のトラメル・クロウだった。このような会社で働いていると「企業内起業家」、つまり大企業のなかで支援してもらいながら起業家の経験ができる。最初にこの会社に勤めたことは、お金では買えない価値があり、多くを学ぶことができた。

私がハーバード・ビジネススクールを卒業した一九八〇年代当時は、金融機関から開発費の一〇五％を借り入れることが可能だった。追加の五％は自分たちへの報酬である。しかし、このような事業計画は一九九〇年代初めのS&L危機で終わり、みんなが打ち砕かれ、アメリカ市場全体が行き詰まった。

私が仕事を始めたころは、配送センター建設でも投機的な取引でもかなりのレバレッジをかけることができた。しかし、一九九一年の危機のあとは資金をエクイティで集めなければならなくなった。

市場が変化するたびに、不動産市場は「適応するか、死か」という段階に突入する。もちろん、適応するしか選択肢はない。私は、個人的にも資金調達をする必要に迫られ、これは新しい経験だった。銀行から十分な資金を調達することができなくなったからだ。銀行は危機によって審査が厳しくなったため、私はスターウッド・キャピタル・パートナースという新しい会社を、昔のクラスメートのバリー・スターンリットとともに設立することにした。

私たちは、エクイティを発行して集めた資金で物件を買い始めた。この会社での初めての取引は倉庫だった。トラメル・クロウにいたときは、AT&Tと長期取引をしており、何人か知り合いがいた。そこで、彼らと組んで、この倉庫をリースした。

スターウッドに話を戻すと、資産の清算にかかわっていたなかで、フロリダ州タンパにあるリバーガーデンという集合住宅に目がとまった。しかも、この物件は競売にかけられることになっていた。しかし、会場に行ってみると、戸建て住宅の買い手しか来ていなかった。二〇〇件の戸建て住宅が競売にかけられるのを見続けて、やっとリバーガーデンの番になった。

私たちは競売のとき、絶対に最初に入札しないことにしている。まずは必ずほかの人の入札額を見るのだ。リバーガーデンの番になり、私たちはだれかが声を上げたら、それに続こうと思っていた。しかし、だれも手を挙げない。

会場を見回すと、この規模の物件を買うほどの資金を持っている人はだれもいなかった。スタート金額は五万ドルだった。私たちが五〇〇万ドルの価値があると思っていた物件だ。すると、参加者たちが集まって、この素晴らしいチャンスを共同で買う検討をし始めた。しかし、結局は私たちがたった五〇万ドルでかすめとった。評価額のわずか一〇%の金額だ。

政府が強制的に清算するときは、一般市場に出る前に「一生に一度」クラスのチャンスがあるものだ。

私のお気に入りの取引は、いつも直近に締結したものだ。どの取引も、ワクワクしながらかかわっている。今年の初めに私たちはアメリカ最大級のデベロッパーで、質の高い学生街の開発と所有と管理を手掛けるＥｄＲを四六億ドルで買収し非公開化した。

スエットエクイティ

私は、一九九一年の不動産危機のさなかにみんなが規模を縮小するなかで、どのようにして資金を調達することができたのかとよく聞かれる。

実は、幸いにもビジネススクール時代の友人がバンダービルト家の資産の一部を運用していた。彼の戦略は、業界の知識があり、労力（スエット）を惜しまない勤勉な人間に出資するというものだった。

私はまず、スエットエクイティパートナーとなり（これは不動産の仕事を始めたばかりでもできる）、自分では買収できない素晴らしい案件を探し、投資家に紹介した。懸命に働き、取引を計画することには大きな価値がある。

私の友人はかなりの額を出資してくれたため、私たちはすぐに行動を開始した。おかしなことだが、当時は実績がなかったことが良い実績だった。一九九一年の不況で、業界のだれもが悪い実績しかなかったからだ。

逆バリ的な投資を信じてくれるパートナーがいたことは、とても幸運だった。私たちは、みんなが撤退したり、売ったりしているときに参入して買うことの価値を理解していた。成功したければ、みんなについていくのではなく、人が行かない道を進まなければならない。

デンバーの失敗

デンバーのいかれた開発案件では、詳細が確定して建設書類が整う前に費用を保証することについて重要な教訓を得た。このときは、契約しなければ、その土地は永遠に失われるという状況にあった。そして、契約するためには、共同出資者に対して建設コストを保証しなければならなかった。結局、私たちは契約したものの、非常に弱い立場で身動きがとれなくなった。よくあるワナに陥り、しかもそれが初めてのことではなかった。私は、ほかにも案件はあることを忘れ、目の前の契約を締結することに執着しすぎてしまうことがよくある。

最近、私たちがデンバーで建設費用よりも七〇〇万ドルも安く売らざるを得なかった物件の場所に行ってきた。私たちは損失を被り、話し合い、自分たちの間違いから学んだ。

このデンバーでの失敗からもう一つ学んだ重要な教訓は、より安全なキャピタルストラクチャーになるようにして、レバレッジをかけすぎないことである。私は、リスクが高すぎる案件はパスすることにしている。このような案件は潜在リスクや下方リスクを理解するのに時間がかかるからだ。驚くほどの利益よりも、下方リスクを最低限に抑えられているのが素晴らしい取引なのである。

このように考えると、悪い結果を減らすことができる。「リスクがなければリワードもない」は本当だが、不動産の成功はリスク管理にかかっている。初めての取引を検討している人は、私が初めてデンバーに行ったときのような感情にとらわれやすい。

たとえ本書の原則に従っても、現地を知るメンターから価値のある助言をもらっても、その案件に対する感情から一度離れてみるとよい。そして、頭のなかの目的の部分を再度活性化してみてほしい。また、下方リスクになりそうなことを探してみてほしい。もしこの案件がうまくいかなかったらどうなるか。何が起こると、うまくいかなくなるのか。

また、取引が失敗するわけがないとは思わないほうがよい。私たちの支配が及ばないことがあるからだ。私たちの取引は、うまくいかなかった場合に下方リスクを最小限に抑えるようにすることで、リスクを管理している。下方リスクさえ管理しておけば、利益は自然についてくる。

リスクを分析するときは、注目すべき要素がいくつかある。環境問題はあるか、市場に需要はあるか、その取引は資金調達が可能か、借り入れはできるか、金利はどうなっているか、取引相手の信用リスクや政治的な問題はないかなどといったことだ。

これらは下方リスクのほんの一部であり、確認すべきことははるかにたくさんある。また、州によって法律が違うだけでなく、その法律も頻繁に改正されている。リスク管理に目を光らせておかないと、税制やキャピタルゲイン税の変更によって、非常に弱い立場に追い込まれるかもしれない。

付加価値を与える

すべての取引は、利益を生み出すために何らかの付加価値を与えるものでなければならない。ただ、付加価値といってもさまざまなタイプがある。対象の市の人口動態の変化、建物自体に関すること、マイクロマネジメントの供給問題、資産価値が代替コストよりも低く評価されていることなど、ほかにもある。

いずれにしても、価値を生み出すエピソードが必要だ。投資として戸建て住宅を買う場合でも、数十億ドル規模の工業用不動産のポートフォリオでも関係ない。あなたが管理するようになったら、その物件の価値はどんな理由でどのように上がるのかを理解し、信じる必要がある。

私は、人口動態を調べて需要への影響を理解する手法を大いに信奉している。アメリカでは、多くの人がベビーブーマーを相手に稼いできたが、今の市場はミレニアル世代であふれている。そして、彼らはベビーブーマーたちとは違うニーズや要求を持っている。

高齢者も若者も巨大な人口を擁するが、それぞれが環境に及ぼす影響はかなり違う。彼らは、要求も、賃貸と所有に対する考え方も違う。また、使える資金も違う。私は、どのような物件でも、投資をする前に対象とする市場のこれら二種の属性の需要を必ず理解しておくようにしている。

リサーチは、必ず人口動態を考慮するべきである。私は常にそこに立ち返るようにしている。

それが、新規開発における私のテーマの中核だからだ。人口が増え続けているのはどの市で、その増加を支える所得水準がどのように推移しているかを観察するのだ。例えば、二〇一八年初めの時点で、ダラスやオースティンやナッシュビルやシアトルなどでは、人口が大幅に増加している。しかし、適切なリサーチと人口動態の追跡をしなければ、これらの都市がその後も成長を維持していけるかどうかは分からない。

また、需要と供給を考慮することも欠かせない。物件の価値とそれを利益につなげられるかどうかは、物件があるかどうかとそれを欲しい人の数によって決まる。時には、大きな需要があっても手を引いたほうがよいときもある。

不動産事業は非常に循環的で、需要が多い時期と供給が多い時期が交互にやってくる。そして、市場が上昇したあとは、下落する。物件の価格も、上昇したあとは下落する。何らかの不況や危機はだいたい一〇年ごとにある。ジャンクボンドの暴落や、S&Lの破綻、サブプライムローン危機などが循環的に起こっているのだ。それなのに、市場は毎回、それらの出来事になぜか大いに驚いている。

不動産事業で循環性によって起こる問題は、チャンスにもなり得る。トラメル・クロウの仕事は多くが開発関係だったが、これは低迷期には最初に停止してしまう。トラメルはそこから学び、サービス業にも参入した。

私が一九八六年にオクラホマ州で仕事を始めたとき、開発だけでなくサービスにも注力しなければ行き詰まることにすぐに気づいた。不動産市場の循環性に備えておけば、一〇年ごとに下落する市場に毎回驚いている会社の上を行くことができる。この備えて適応するという戦略があれば、この業界で長くやっていくことができる。

グレイスターは世界最大の賃貸住宅の運営会社で、世界中に一万四〇〇〇人の社員がいる。私たちは、二〇〇八年の住宅ローン危機のときは建物の改築や駐車場の建て替え、サービス、資産運用、物件管理などに注力することで下降期を乗り切った。そのため、危機が終わると早い時期から開発を始めることができた。

循環的な事業では、下降期に備えていない多くの競合他社が破綻する。

借り入れに話を戻すと、リコースリスクはけっしてとってはならない。もし莫大なリコースリスクをとるときは、万が一のときのために、相当額の資金を確保しておく必要がある。大事なのは、弾力性のある戦略だ。

追加のアドバイス

会社の経費は少ないほどよい。賃貸住宅事業には、たくさんのテナントからのレントロールがある。テナントが一人出て行っても深刻な問題はないが、資産を単独のテナントに貸している場合はリスクがはるかに大きくなる。

もし四世帯用の集合住宅で一世帯が出ていけば、一カ月の収入は二五％減る。しかし、二世帯のうちの一世帯ならば、収入は半分になる。これが、維持と下方リスクの管理ということだ。物件のリスクを管理するときは、「テナントが一人出て行ったらどうなるか」と考えてみてほしい。

私の個人的な借り入れ戦略は、経費の六五％かつ最大内部資本の七五％を上限としている。それよりも高い割合で借り入れて大儲けした人もいるが、私は経験上、この水準が安心できる。

不動産事業では人口動態や市場や優れた案件を見つけることが大事だが、分析も同じくらい重要だ。これは資金と数字についてしっかりと理解しておくということで、それができればすべての判断について金銭的な影響が瞬時に分かる。

また、この仕事では、人間関係やネットワークを構築する能力を磨いたり伸ばしたりするとよい。新しい人と出会ったときの楽観主義や興奮と、それぞれの案件の潜在的な下方リスクに対する現実的な見方を併せ持った人になってほしい。

取引を検討するときは、下方リスクを必ず調べる。不動産は刺激的で、大金を儲けるチャンスでもある。しかし、もし自分のなかのどこかにその取引をしたくないという気持ちがあれば、そのときはすべきではない。

グレイスターの採用過程は複雑ではない。優秀な人材が欲しいことは間違いないが、一番欲しいのは良い人たちだ。好きになれない人とは働きたくないし、好きでない人とは取引したくない。

人生も仕事も、良い人間で誠実さを持っていれば、成功できる。優しくて、人に親切にすることは人生の効果的な戦略になる。好かれれば、相手はあなたの成功に必要以上に手を貸してくれる。単純なことだ。

財務的な助言をしたり、私の戦略を伝えたりすることもできるが、これらは市場によって変わってくる。戸建て住宅を買う戦略は、駐車場を買う戦略とは違うのだ。ただ、どのような取引も人間関係が大事だという点は変わらない。

誠実で、人に親切にしていれば、最高額で入札しなくても、最も多くの経験がなくても、ときどき「一生に一度」クラスのチャンスが訪れると思う。

そのためには、顧客のことを考え、彼らのニーズや要求に応えていけばよい。彼らは何を欲しがっているのだろうか。あなたが所有する物件に住んでいる人たちは、単なるスプレッドシート上の数字ではない。彼らは家族や子供と暮らし、請求書を支払い、医療を必要とし、希望や夢を持っている。これらは重要なことだ。取引を計画したり、事業戦略を構築したりするときは、必ず顧客が何を望んでいるかを考えるとよい。

共感を持つことから始め、すべての取引を相手の勝ちになるよう考えていれば、いずれ大きな成功を収めることができる。すべての取引で勝って相手を打ち負かすのではない。そのような考え方をしていると、長く仕事を続けることはできないだろう。

私たちは面白い時代を生きている。目の前で、テクノロジーが不動産の仕事を変えていく影響がほんの少し出始めているからだ。これを無視することはできない。むしろ、テクノロジーがもたらす変化に素早く反応していかなければならない。変化は命にかかわることではないため、最後まで抵抗することはない。それよりも、なぜこの変化が起こっていて、みんなはこの変化に対応するために何が必要かを考えてほしい。

この仕事で成功するためには、長期的に考える必要がある。また、関連する技術と強い気持ちをバランスよく持つことが大事で、つまりは自分を信じる必要がある。状況が厳しくなると、自分の力が足りないと思いがちだが、そんなことは考えなくてよい。

キャリアに関するアドバイス

不動産の仕事を始める良い方法は、私がしたように、会社に入って実務を学ぶことだと思う。懸命に働き、ネットワークを作り、チャンスを探して追いかけることができる場所にいることだ。不動産で成功した人がみんな同じスタートを切るわけではないが、私にとって安全で組織化された会社のなかで学べたことは大いに価値があったと思っている。

投資をする場合は、必ず何らかの経験を持つ人を支援してほしい。本を読んだり、講習を受けたり、オンライン動画を見たりして学ぶことはできるが、実際に仕事をしなければ本当の意味で学ぶことにはならない。学校で、実際の取引で学ぶことを教えることは単純にできないのだ。実際に取引をまとめ、訓練を積んでいくことでしか、この仕事を学ぶことはできない。

メンター

ロールモデルやメンターはとても大事で、これはいくら強調してもし足りない。私の優れたメンターの一人は、トラメルを創業したトラメル・クロウである。謙虚で、寛容で、人間関係や人を大事にする彼は、私にとってのロールモデルだった。彼の部屋は豪華な角部屋ではなく、大部屋でみんなと同じデスクを使っていたため、いつでも話しかけることができた。特大の部屋の前に何十人も秘書が並んでいるのではなく、いつも私たちが座っているすぐ近くに陣取っていたのだ。

ロナルド・タウィリガーも素晴らしいメンターで、本書に彼と並んで自分が紹介されることをとても光栄に思う。彼は世界で最も才能あるリスクマネジャーの一人で、借り入れによるレバレッジ活用のバランスのとり方をはじめ、この仕事のあらゆることについて驚くべき洞察力を持っている。

部下を少し信頼しすぎるところがあったかもしれないトラメルからは人間関係について学び、タウィリガーからは実務を学んだ。

周りに、フィードバックや助言をくれるロールモデルやメンターがいるのはとても良いことだ。ただ、本当のメンターの価値は言葉だけではない。彼らをよく見て、時間をとって彼らの行動について考えてみるとよい。また、ほかの人のエピソードを読んで、どんな正しいことをして、どんな間違いを犯したのかを学んでほしい。本章では、私の成功話のみを並べたいところだが、間違いのほうがより大きな学びのチャンスになると思う。

自分が何を学んでいるのかと、それをどのように自分の事業計画に取り入れるかを常に考えておいてほしい。世界は、本を読む人たちが動かしている。私はいわゆる本の虫で、不動産業界の情報をできるかぎり吸収したいと思っている。私は常に、あらゆる業界から成功しそうなアイデアを探している。アップルに関する本のほうが不動産関連の本よりも学ぶことが多いなどということもよくある。

私の理念

不動産の原則を理解することも大事だが、新聞は空き家欄よりも一般記事、図書館も不動産関連の棚よりもそれ以外の棚により多くの情報がある。ほかの業界のアイデアにも目を向け、自分の状況に応用してみるとよい。そうすることで、新しいことを考えなくても優位に立ち、自分の市場に新しいアイデアをもたらすことができる。

私の愛読書の一つは、クイント・スタダーの『リザルト・ザット・ラスト（Results That Last）』である。彼は企業運営を改善するヘルスケアコンサルタントで、私はこの本を読んで、グレイスターが不動産管理に取り組むべき方法の基本となる優れたアイデアを得ることができた。また、聖書は、どうすれば人事管理がうまくいくかが分かる優れた本だと思う。

心や精神を鍛えるだけでなく、体の健康も大事だ。不動産の仕事は物件を見たり、オークションの下見をしたりするなど、歩くことが多い。動き回ることが多い仕事で健康を害していれば、大事な情報を得られなかったり、大事な入札に間に合わなかったりしかねない。

私は、仕事と精神のバランスをとるよう努めている。自然のなかで過ごすのが好きなので、釣りやハンティングもよいが、犬と散歩するだけでもよい。家族との時間もバランスの良い生活には欠かせない。私たちはロボットではないので、仕事だけをして生きてはいけない。

だれでも、良い気分になれることをして、元気を補充する必要がある。お金をかける必要は必ずしもない。先に紹介した私の趣味にも、たくさんのお金がかかるものはない。

最後に、親切でいることだ。体と思考と精神のバランスがとれた生活をおくってほしい。人との関係を大事にし、仕事ばかりしていたい気持ちを抑える。人のほうがお金よりも大事だし、あなたがいてほしいときにいてくれる人たちのために、あなたも彼らがいてほしいときにはいなくてはならない。あなたがどれほど成功しても、子供の高校のバスケットボールの試合や家族との夕食や知り合いのバレエのリサイタルといったことは、取引と同じくらい大事なことだ。

これは、どれほど大きな利益が見込める取引であっても関係ない。

カギとなる考え方

●常に変化を受け入れ、異なる見方にも耳を傾ける。また、自分の想定を疑ってみる。
●起業家精神は、常に環境が変わることから始まる。世界がどのように変化しているかを観察し、変化におびえるのではなく、それを利用した新しい計画を立てる。
●自分の資産や投資先に入れ込みすぎない。その代わりに、出資してくれる人やステークホルダーに尽くす。
●みんなが撤退したり売ったりしているときに参入したり買ったりすることの価値を理解する。大きく成功したいならば、みんなに従わずに、ライバルの多くがやっていないことをする。
●キャピタルストラクチャーの安全性を重視し、借り入れに頼りすぎない。素晴らしい取引で大事なことは利益分析ではなく、下方リスクを理解し、最小限に抑えること。
●投資対象地域の人口動態を理解することで需要を分析する方法を学ぶ。
●不動産の仕事はとても循環的だ。需要が大きい時期のあとは供給が多くなる。市場は上がり、そのあと下がる。何らかの不況や危機はだいたい一〇年ごとに起こっているように見える。

●良い人になり、ほかの人たちとうまくやっていくことは不動産でも人生でも効果的な戦略。人はだれでも好きな人と仕事をしたいものだし、好かれれば相手はあなたの成功に必要以上に手を貸してくれる。

●共感する。すべての取引は関係者全員にとって成功になることに重点を置く。取引においてすべてを得ようとしない。すべてを自分のものにしようと考える人はいずれ破綻する。

●状況が厳しくなってくると、自分の力が足りないと思いがちになる。しかし、あなたには成功するための力がある。そう信じることが、成功には欠かせない。

●周りに助言してくれる優れたメンターやロールモデルがいるようにする。彼らをよく観察し、彼らの行動について時間をかけて考える。

●思考と精神と体を頻繁に鍛える。

練習問題

不動産は人とかかわるビジネスで、強力なネットワークは不動産投資家に支援とチャンスを与えてくれる。厳選した人たち――優れたメンター、潜在投資家、ビジネスパートナー、友人ほかを含む――は支援の環境を生み出すが、あなたの考えに反対して、あなたがより良いビジネスパーソンになる助けになってくれる人も大事だ。一流の不動産投資家は、ネットワークを作ることの重要性を理解している。それは、不動産投資が経験から学ぶところが大きい仕事だからだ。以前から加わりたかったのに、まだできていないグループはあるだろうか。あなたのレベルを上げてくれて、将来、あなたのビジネスを助けてくれるような厳選した人たちのグループを探してみてほしい。不動産のセクターや個人的な目標によって選ぶグループは変わってくるが、アーバンランド・インスティチュート、YPO（ヤング・プレジデンツ・オーガニゼーション）、EO（起業家機構）、全米リアルター協会、BOMA（ビルディング・オーナーズ・アンド・マネジャー・アソシエーション）、ICSC（国際ショッピングセンター協議会）など、ほかにもたくさんある。

第8章

チャイム・カッツマン

ガジットグローブ
イスラエル・テルアビブ
Chaim Katzman
Gazit-Globe

この世の終わりではない

市場が大きく動くたびに、「この世の終わりだ」と騒ぎ立てる人たちがいる。不動産の世界では「小売業はもうおしまいだ」と騒ぎ立てている投資家を見ても、またかと思うだけでよい。

現在、オンラインビジネスがアメリカのＧＤＰ（国内総生産）の二・五％を担っている。これは、大きい数字に見えるかもしれないが、ほんの一〇〇年前に通信販売がＧＤＰの五％以上を占めていたことを考えると、さほどではない。

シリコンバレーのスタートアップ企業はみんないかに市場をぶち壊すかを謳い、市場を破壊するという行為がほんの一〇年前に発明されたかのような言い方をする。しかし、それは違う。シアーズもモンゴメリー・ワードも一八〇〇年代末に通信販売会社を始めたが、一九三〇年代には全米に店舗を構えるようになっていた。通信販売は大成功していたが、それでも人は店舗で買い物をしたがっていたのだ。

チャイム・カッツマンによると、大きなトレンドはどれも世界を変えるように見え、それを私たちは破壊と呼ぶ。しかし、いずれトレンドは衰えたり消滅したりして歴史の一部になり、再び均衡状態になる。ウェブページもカタログと同様に、実際のショッピングに代わることはできない。外に出て、社会のなかで買い物をするということには、何か特別な魅力があるのだ。

家庭用ビデオが登場すると、家で映画が見られるようになった。すると、何でも否定する人たちは、もう映画館は終わりだと叫んだ。しかし、それは間違っていた。映画産業はかつてないほど繁盛している。ダウンロードや４Ｋビデオの時代になっても、人々は映画館に出かけて映画を楽しんでいるのだ。

破壊は常に存在し、それによって小売店が多少つぶれたかもしれないが（例えば、レンタルビデオチェーンのブロックバスター）、市場全体を破壊するほどのものではない。エアービーアンドビーがホテル業界を終わらせることもなければ、ウーバーが自家用車やタクシーを終わらせることもなかった。

小売業が突然消滅すると信じる理由はどこにもないのだ。

駆け出しのころ

私は、不動産の弁護士として仕事を始め、顧客とかかわるうちに資産を所有したり、何かを一から開発したりするという発想に魅了された。

不動産の仕事をイスラエルで始めた私は、まず土地合筆を手掛けた。土地所有者が異なる隣接した不動産をいくつか買い、大きな物件を建てようとしたのだ。最初のプロジェクトは、不動産では一＋一＝三になることもあるということを教えてくれた。不動産で成功する方法の一つは、土地を合筆して変わりがきかない区画を作ることである。

最初のプロジェクトが成功したことで、私はしばらく土地の合筆を多く手掛けた。大きい区画を作れば、面白いアービトラージも可能になる。区画が大きくなると、その価値は開発を始める前から、元々の区画の合計よりも高くなる。

これまで手掛けたプロジェクトのなかで、お気に入りを一つ選ぶのは難しい。どの取引も、どの物件も、それぞれ特別なものだ。ただ、素晴らしい思い出がある物件はいくつかある。例えば、弟に運転を教えた場所には、楽しい思い出が詰まっている。私は、自分が買ったり開発したりした資産は、イスラエルでも、ヨーロッパ、アメリカ、ブラジル、カナダでもすべて気に入っている。

不動産の仕事をしていると、自分がかかわった資産はすべて好きになる。

可能な取引やプロジェクトは、魅力的な利点に惑わされやすい。どれほどの利益が上がるか考えるほうが、どれほどの損失の可能性があるかという話よりもはるかに楽しいからだ。また、不動産のなかでも自分の中核ビジネス以外に手を出して、厳しい目に遭ったことも何度かある。例えば、不動産に十分近い分野だと誤解して、建設会社を買収したことがある。しかし、不動産と建設はまったく違う事業で、失敗に終わった。

そして、価値ある教訓を得た。自分の知っていることをやり続けるということだ。自分は何でもできるほど賢いと思っていたら、いずれ失敗する。ちなみに、私は不動産投資で損失を被ったことはない。

私は弁護士なので、徹底的なデューディリジェンスの仕方は分かっている。これは大事なことだ。すべての法律を確認し、財務構造を正しく把握し、権原保険に加入する。新規開発の場合は、環境や土壌を確認し、周辺住民が自分のプロジェクトの大きな障壁なのか支持者なのかを見極める。

新しいチャンスが訪れたとき、私はまず立地とそこに何が建てられるかを調べる。このとき考えるべきことをいくつか挙げておく。

①対象物件の周辺の市場はどのような状態にあるか。
②対象物件は大通りに面していて、良い出入り口を確保できるか。
③建築規制はどれくらい複雑か。
④周辺住民は友好的か、それとも問題を起こしそうか。
⑤二次市場のエコシステムの邪魔をしていないか。
⑥何が主要なリスクで、どうしたらそれを軽減できるか。
⑦財務的に妥当か。
⑧金融機関は融資してくれそうか。

市場のトレンド

テクノロジーによって市場は変わりつつある。もし今から仕事を始めるのならば、ブロックチェーンの可能性を詳しく調べる。最近、不動産に特化したいくつかのＩＣＯ（新規仮想通貨公開）があったが、今のところはどうなるか予測がつかない。近い将来、素晴らしいことが起こると期待しているが、私は知識不足でためらっている。

政府が介入して仮想通貨を規制し、独自の通貨を導入することもできる。もしかしたら、近いうちにクリプトドル、クリプトユーロ、クリプトシケルなどを使うことになるのかもしれない。ブロックチェーンの主なリスクは、だれかがより優れたアイデアを生み出す可能性があることで、私はそれが最大のリスクだと思っている。ただ、仮想通貨が飛躍的に成長する分野だということは間違いないだろう。

私がこれから仕事を始めるとして、物理的な不動産を手掛けるならば、不動産ブローカーか公認不動産経営管理士の資格をとって、不動産ビジネスを内側から学びたい。

面白そうな地域やニッチはいたるところにある。住宅セクターはたいていどこでも興味深い。特に、需要が供給を上回っている急成長市場には引かれる。

株式市場や債券市場は非常に効率的なので、人によっては良い投資先になり得るが、私が狙うのはここではない。私は、非効率的で大きな利益チャンスがあるところに投資したい。

効率的な市場では、小さな利益しか狙えない。不動産の世界に参入したばかりのときは、資金調達が複雑に見えるかもしれないが、経験則で言えば、ほとんどの金融機関が貸してくれないときこそ借金をすべきときだ。不動産投資は逆バリ思考でいくとよい。銀行は、市場が高値を付けているときに貸そうとするが、できれば市場が弱含んでいるときや不況のときに借りるべきだ。そういうときこそ、安く、あるいは代替コストに近い価格で資産を買ったり開発したりできる。

当然ながら、借り入れの割合は資産クラスや立地にもよるが、私は五〇％を勧めている。

崩壊

不動産市場の崩壊についてよく聞かれるが、私は心配していない。市場崩壊は五〇〇〇年前からある。もちろん、資産によって損失額は変わってくる。私は主に商業物件にかかわっているが、郊外にあるＣクラスのショッピングセンターや小規模のタワーの損失は大きくなるだろう。ただ、Ａクラスのモール（例えば、マイアミ近郊のアベンチュラやフィラデルフィア近郊のキング・オブ・プロシア）は、この先何十年も安泰だろう。

大事なのはオムニチャネル、つまり顧客に買い物やカスタマーサービスまでシームレスに提供することだ。ショッピングは家から始まるが（カタログ、ウェブサイトなど）、最終的には物理的な場所で行われる。

五〇年前、家族が必要とするものの八〇％はスーパーマーケットで買うことができた。今日、その割合は五〇％に下がっている。時代は変わり、企業も進化しなければならない。

例えば、ホテルの世界ではエアービーアンドビーが業界を揺るがしているが、ホテルはなくならないだろう。このような破壊的な存在は、不動産業界のさまざまな分野において進化や改善をもたらすプラスの要素と言える。不動産の仕事は、破壊から逃げるのではなく、適応していくことが重要だ。

金言

不動産の世界で成功するためには、忍耐と優れた常識感覚と先を見通す能力（明らかではないことがあるため）が必要となる。また、必ず訪れる厳しい時期を乗り切るためには、度胸とハングリー精神も欠かせない。この仕事は勤勉でなければならないし、長期的な視点が必要な仕事でもある。

新人投資家について心配なことは、彼らの多くが流行に乗ってしまうことだ。彼らは新しいトレンドにわれ先に飛び乗ろうとする。みんなが追いかけている特定のホットな対象に資金を投じ、そのあと損失を被るのだ。残念ながら、平均的な投資家にとってトレンドを追いかけないほうが難しい。投資には、常に魅力的な理由があるからだ。しかし、大人気の投資があなたの利益になる可能性は低い。投資では、長期的かつみんなと違う考え方をする必要がある。

関連する技術と知識だけでは、トップにはなれない。自分を信じることが絶対に欠かせない。信念を持つということだ。関連する技術も大事だが、それは専門家を雇ったりアウトソースしたりすることができる。しかし、心は買うことができない。不動産で成功したいならば、自分を強く信じる必要がある。

あなたの成功への道を助けてくれるメンターや指導者を見つけるべきだ。私はこの仕事を始めたとき、イスラエルの二人のデベロッパーの下で働き、彼らから多くを学んだ。もう何年も前のことだが、二人は本当に優れた指針を与えてくれた。なかでも重要なことは、この仕事において忍耐がいかに大きな効力を持つかということだ。予期しないことが起こったときに、忍耐が必要なのである。

私の愛読書は聖書だ。厳守しているルーティンなどはなく、欠かさずしているのは毎日仕事に行くことくらいだろう。それ以外に、特定の何かを繰り返すことは私にとっては難しい。

最後に三つのアドバイスをしておく。①競争力をつけるために、自分の専門分野に関するできるかぎりの知識を身につける、②自分を信じ、トレンドに惑わされて自分の考えと違うことをしない、③忍耐力を持つ。不動産で成功するためには、これはすべて必要なことだ。

カギとなる考え方

●混乱は必ず起こる。しかし、いずれ収まって均衡に戻る。

●小売業はなくなるわけではなく、変化するだけ。テナントは物理的な店舗でもオンラインでも、より良い経験を提供していく必要がある。
●不動産では、一＋一＝三になることもある。不動産で成功する方法の一つは土地を合筆してほかにはない大きな区画を作ること。
●不動産の中核戦略を立て、そこに集中特化する。開発と建設の仕事は同じではない。自分は賢いから何でもできると思っていたら失敗する。
●テクノロジーによって市場は変化している。ブロックチェーンは興味深い分野なので注目すべき。
●関連する技術は大事だが、専門家を雇ったりアウトソースしたりできる。しかし、考え方は買うことができない。強い心は欠かせない。

練習問題

ガジットグローブは、スーパーマーケットを主体とする郊外のショッピングセンターに特化した上場会社である。あなたは現在、上場している不動産会社に投資しているだろうか。もししていないならば、この分野を分析して、ガジットグローブのような会社に投資するメリットとデメリットを書き出してみよう。上場不動産会社に投資するならば、見通しが間違っていたときの下方リスクは何だろうか。

第9章

ロヒット・ラビ

アパスワミー・リアル・エステート
インド・チェンナイ（旧マドラス）
Rohit Ravi
Appaswamy Real Estate

需要と供給の不均衡を探せ

約一二〇〇の島から成るモルジブ共和国は地球上で最も美しい場所の一つである。元々は君主制だったこの国は、ヨーロッパからインドに行く途中の完璧な中継地として有名になった。スリランカの南西にあるこの島国は、まさに楽園だ。一六世紀に宗主国の影響を受けるようになると、この美しい島の人たちはヨーロッパのいくつかの統治国の圧政に苦しんできたが、一九六五年にイギリスから独立を果たした。イギリスは、その後も一二年間、この地に空軍基地を残していたが、それも撤退すると、モルジブは究極の休暇先として世界的な評判を集め始めた。

モルジブは二一世紀になると、漁業と伝統的な観光業だけでなく、高級観光地という分野に参入した。ここで登場するのが、次の巨人であるロヒット・ラビである。彼は、世界で最も神秘的なホテルとも言われているセント・レジス・モルディブ・ボミュリ・リゾートを開発した人物だ。

生い立ち

私には、不動産の血が流れている。私の家族は、祖父が一九五九年に会社を設立して以来、ずっと不動産開発に携わっている。会社ができたころ、南インドに組織的なプレーヤーはいなかった。当時の不動産市場はかなり細分化されていたため、祖父は市場に組織と構造を生み出すチャンスだと考えた。

祖父はまず、チェンナイ空港の近くに約五一万平方メートルの土地を買った。それ以来、この会社は延べ床面積一一一万平方メートル、一万二〇〇〇戸分の集合住宅を建築している。

たくさんの住宅を建設して南インドの住宅市場に重点的に取り組んだあと、私たちはホテル市場に素晴らしいチャンスがあることに気づいた。ホテルの建設やリゾート開発を行ってみると、集合住宅と多くの類似点があることに気づき、二〇年前に自然な成り行きでホテルの開発と投資を試すことにした。

不動産は家業だったため、私は当然のようにこの業界に入った。子供のころから建設の力に魅了されていたのだ。

私は、子供のころから父がどんな仕事をして私たちを養っているのかということに関心があった。そして、その好奇心が情熱に変わり、仕事になった。みんなが不動産を家業とする家に生まれるという幸運に恵まれるわけではない。普通ならばメンターがいなければ得られないような知識や教訓を、私の場合は家庭のなかで当たり前のように伝え聞いてきたからだ。私も自分の子供や孫に伝えていきたい非常に重要な不動産の原則がある。

私の会社が非常に成功しているのは、とても単純な原則に従っているからだ。私たちは、自分たちがよく分かっている資産クラスと地域に専念している。不動産のなかでも非常に小さなセクターに集中特化し、そこで最大の力を発揮して高い評価を得ることで、出資者やデベロッパーに多くの安心を提供しているのだ。そして、常に約束した以上の結果を提供し、そのことが、私たち家族と会社のブランド価値を高めることにつながっている。

不動産でも、ほかのビジネスと同様に、多少のずるをして短期的な利益を取ることもできる。例えば、契約書に取引相手が気づかない、あるいは指摘しないことを期待して、その物件が破損していたり、政府関連の問題があったりする旨の条項を忍び込ませる業者もいる。これによって短期的に多少得をするかもしれないが、それは名声を汚すことになる。かつての仕事関係者や投資家に、悪口を言い触らされることほど最悪なことはない。不動産業界は狭い世界なので地域のプレーヤーはみんな知り合いだ。短期的なメリットに、名声を汚す価値はない。評判はすべてに優先すべきで、それ以上に価値のあるものはない。名声の価値は、金をも上回るのだ。

島の開発

私のお気に入りのプロジェクトは、私がすべてを監督したモルジブにあるセント・レジス・モルディヴ・ボミュリ・リゾートだ。ここでは多少の痛みを伴ったが、重要な教訓を得た。なかでも最大の学びは、超過費用に関することだった。異国やよく知らない土地での開発では、思いもかけないことが起こる。モルジブでは、目的地にたどり着くのが難しかった。交通手段や空輸が難しいと、すべてが違ってくる。

島での建設工事は、建材を船で運ぶ必要がある。しかし、船の輸送はまったく想定外のことに対して弱点を露呈する。雨が降っても、道路があればトラック運送は止まらないが、海は危険になるため、輸送は何日も、時には何週間も遅れることになる。

嵐一つでも、プロジェクトのスケジュールは台無しになる。木材やセメントといった建材が予定どおりに届かなければ、作業員たちは何もせずに何日も待つことになる。そのうえ、嵐やそのほかの予期しない自然現象によって、建材の価格が当初の見積もりよりも途方もなく跳ね上がることもある。エキゾチックな場所に行く船の数はかなり限られているからだ。

私の家族は、このプロジェクトに一億二五〇〇万ドルという大金を投じた。しかし、それでもこの遠く離れた土地にこれほど贅沢なホテルを建てるにはとうてい足りなかった。そこで、残りの資金は金融機関から借りることにした。

しかし、大変残念なことに、このプロジェクトは予定どおりには完成しなかった。モルジブでのホテル建設という思いもかけなかった挑戦は、私たちの詳細な計画をはるかに超えていた。そして、家族には大きなプレッシャーがかかった。ここでの重要な教訓は、不動産開発においてはどれほど優れた計画を立てても、手に負えないことが起こるということである。

建設費用を調達するときは、金利負担が投資家を怒らせることになる。これほど大規模なプロジェクトで返済が遅れると、銀行やそのほかのステークホルダーに対して謝罪だけではすまない。厳しい教訓として、大きなプロジェクトは利益も大きくなる反面、リスクも大きくなるということを覚えておいてほしい。実際、これはかなりの規模のプロジェクトだった。

しかし、さまざまな問題を乗り越えてついにホテルがオープンしてからは、素晴らしい運営が続いている。また、幸いにもユネスコや第二四回ワールド・トラベル・アワード（ワールド・リーディング・ラクジュアリー・アイランド・リゾート賞）、ブリティッシュ・ソサエティ・アワード、ＳＢＩＤインターナショナル・デザイン賞をはじめとするさまざまな賞を受けることができた。

賞をもらうのはうれしいが、謙虚さを失わず、ステークホルダーがうまくいっているよう確認することが大事だ。今から考えると、このとき得た教訓を前から知っていたら随分楽だったと思う。つまり、新しい場所に投資するたびに想定外の出来事が起こるが、そのときに現地の知識が驚くほど役に立つ。当時は、その現地の知識が少し足りなかったのだ。

そのため、不動産プロジェクトは自分がすべてを知り、理解している地域に集中特化すべきである。二階建ての住宅は、あなたが住んでいる地域では非常に価値があるかもしれないが、同じような家を砂漠で買っても頭痛の種にしかならない。極端に暑い地域では、軒高が高い家はエアコン効率が悪くて維持費が非常に高くなるため価値が低い。現地の知識がなければ、素晴らしい物件だと思って契約したのに、流動性がまったくなくて売ることができないということもある。データは非常に重要なのだ。

私が手掛けたなかで最もうまくいかなかったのは、二〇年前にチェンナイで始めたプロジェクトだった。このときはレバレッジ一〇〇％で都心部に土地を買ったが、担保を差し入れなければならなかったため、開発してもまったく利益にならなかった。このプロジェクトでは一二〇戸の集合住宅を開発したが、結局、返済のために自己資金とほかのプロジェクトの利益を使うことになった。レバレッジが高すぎたのだ。レバレッジが高すぎると、利益が瞬く間に消滅することになりかねない。

レバレッジの適切な割合は、人によって考えが違うが、レバレッジが高すぎると（費用または価値に対して借り入れが八〇％を超えると）、問題が起これば窮地に追い込まれることになる。つまり、間違いの余地がゼロということで、これは現実的ではない。

私が不動産を分析するときは、三つの主要な要素に注目している。私の家族は主に住宅を手掛けているため、立地と価格と販売モメンタムだ。古典的な決まり文句である「立地、立地、立地」は、インドにおいては非常に正しい。正しい立地、つまり大通りに面していて、良い出入り口があり、駅やそのほかの施設に近ければ、市場を調べ、需要を分析して、その市場で妥当な価格で売れるかどうかを判断できる。そして、新しい建物の区分販売を始めると、私たちに有利なモメンタムができてくる。

どれほど大きな会社でも、外部の市場調査を参考にする必要がある。私たちは、その地域の実際の取引価格や販売スピードといったデータを参考にする。このデータが良ければ、内部調査を始める。外部の情報のみに頼ることはない。外部と内部の調査やデータを合わせて、できるかぎり明確かつ総合的な見通しを立てるのだ。どのようなタイプの物件でも、世界のどの場所でも、私はこの方法を勧める。

一から始めるならば

もし今日からこの仕事を始めるとしても、まったく同じことをすると思う。私は住宅とホテルに情熱を持っている。ホテルの建設と維持は、私がお気に入りのプロジェクトだ。過去にはほかのタイプの不動産も手掛けたことがある。オフィスビルもいくつか建設したが、結局は戦略ファンドに売却した。不動産は現地密着型の事業であり、私たちは自分たちが理解している地域に集中特化したいからだ。

インドでは、複数家族用の住宅がコストに見合わないという特徴がある。金利が費用の一〇～一二％に上るからだ。二世帯用や四世帯用の住宅はアメリカでは素晴らしいかもしれないが、インドで利益を上げるのは難しい。新規参入の場合はなおさらだ。

また、収入源を分散することの価値も忘れてはならない。不動産市場が拡大したり縮小したりする時期や、不動産市場のサイクルとは別の理由による市場の変化に備えるためだ。市場が混み合っているときや、あなたが事業を展開している地域に他社が参入して競争が激しくなったときに、別の地域にも展開していれば強い立場を保つことができる。そうしておけば、通常はしないような取引をせざるを得なくなったり、通常は受けない価格を受け入れてしまったりするのを避けることができるからだ。

市場のショック

私は、複数の収入源を持っておくべきだと強く思っている。そうすれば、その時期に最も正しい分野に注力できるからだ。新しい市場に参入する前には、需給の不均衡が最も大きいところを探すとよい。例えば、インドでは今、住宅よりも人のほうが多い。住宅が大幅に不足しているが、人はみんな住む家は必要だ。

借り入れについては、ある時点で会社を大きくしたり他の事業をしたりするために、そうせざるを得なくなる。ただ、会社を守るためには、借り入れがすぎないようにしたい。私は、自己資金のほうが多くなるように、自己資金と借り入れの割合は六〇対四〇にしておきたい。この比率を守れば、会社の強さを保ち、不況や想定外の出来事や危機が起こっても生き延びることができると思う。

どれほどの利益が上がるとしても、自分で直接物件を見てから契約すること。紙の上では素晴らしくても、実際に現地を見るとそうでもないかもしれない。また、ある集合住宅のなかの素晴らしい部屋を代替コスト以下で買える場合もあるかもしれないし、同じ建物でほかにも五〇戸売りに出ているときもある。過去には、六〇％以上の部屋がさまざまな理由で何年も売れ残っていた物件を見たことがある。その周辺地域では、集合住宅として規模が大きすぎたのかもしれないし、間取りが適していなかったり、必要なアメニティがなかったり、建物のデザインや質が好まれなかったりしたのかもしれない。理由はいくらでもある。

うまくいかない取引にも備えておく。全力で損失を最小限に抑え、常に常識を働かせる。契約は、できるだけ多くのデータを集めてからにする。事前の知識が多いほうが、最終利益も多くなる可能性が高い。

インドでは今、不動産の世界である変化が起こっているが、私はあまり良いことだとは思っていない。これは「ランドバンキング」という動きで、デベロッパーが借金で土地を買い続け、担保を差し入れながらレバレッジを高めていく方法だ。しかし、彼らは市場のショックには信じられないくらい弱くなっている。

テクノロジー

テクノロジーは、すべての不動産市場に影響を及ぼすことになる。小売業界では、アマゾンやそのほかの技術革新によって通信販売やｅコマースを使う消費者が急増しており、大きな混乱が起こっている。また、オフィスセクターでは、ＷeＷorkなどのワークスペース系の会社が人の働き方や業務の進め方を変えている。これまでは、社員が月曜日から金曜日に出社し、九時から五時まで働いていた。しかし、それが変わりつつある。

配車サービスや自動運転車も、さまざまなレベルですべての不動産セクターに影響を及ぼしている。ホテル業界では、エアービーアンドビーや同種の会社が中級以下のホテルに影響を及ぼしている。アパスワミーでは、上位層（五つ星ホテルなどの高級ホテル）に集中特化しているが、この分野ではテクノロジーは影響を及ぼすというよりも補完している。

トップの人たちは、高級ホテルのおもてなしを好むため、私たちはホテルの部屋に最新のスマートテクノロジーを装備してライバルの先を行くようにしている。現在、私たちはインド最大の都市の一つであるチェンナイに高級マンションを建設している。これは、ｉＰａｄですべてを管理できるスマートタワーになる。また、いくつかの環境に優しい要素を取り入れており、これは今日のプロジェクトにおいてはとても重要なことだと思う。

また、販売においてもテクノロジーは必須である。今日、インターネットやソーシャルメディアは物件の販売やリースにおいて欠かせない役割を担っているからだ。

私の理念

考え方と関連する技術では、考え方のほうがはるかに重要だと思う。自分自身とは長い時間をともに過ごすのだから、自分だけでも自分と自分のプロジェクトを信じなければならない。

メンターについては、私の場合は家業なので、父と祖父の両方から刺激と教育と訓練を受けた。彼らに加えて、リレーテッド・カンパニースのスティーブン・ロス（アメリカ）とサイモン・チャング（シンガポール）も尊敬している。この二人の非凡な不動産投資家は、私にたくさんのことを教えてくれた。

私の愛読書はドナルド・トランプの『トランプ自伝――不動産王にビジネスを学ぶ』（早川書房）で、子供のころに読んだ本だが、いまでもお気に入りの一冊だ。

もし私の子供たちに不動産に関する助言をするとしたら、次の三つを伝える。

①チャンスを見逃さない。
②忍耐強く、正しいチャンスを待つ。
③問題に対処するときは、バランスが大事。

カギとなる考え方

●不動産業界のなかの小さなセクターや地域などに集中特化する。また、自分のビジネスの焦点や見通しを明確にする。

●不動産業界は非常に狭い世界で、地域のプレーヤーはみんな知り合いだ。だからこそ、自分の名前と評価を何よりも大事にする。

●知らない場所で開発を行うときは、想定外のことが起こる。そのことを、できるかぎり見込んでおく。

●レバレッジが高すぎると、利益は瞬く間に消えてしまう可能性があり、自己資本をすべて失ってしまうこともある。借り入れのし過ぎには十分気を付ける。

●不動産業界の決まり文句である「立地、立地、立地」は、実際正しい。立地については規律を守る。

●不動産の収入源を分散化する。また、不動産市場が拡大したり縮小したり、不動産のサイクルとは直接関係のない理由で起こる変化に備えておく。

●不動産市場のなかのニッチや需給がアンバランスな分野を探す。

●テクノロジーの変化に備える。不動産のすべてのセクターが遅かれ早かれ何らかの影響を受けることになる。

●優れたメンターがいると、目標達成が早まるし、その過程の間違いも減らすことができる。

練習問題

不動産の世界で、あなたの最も大事な資産はあなた自身の評判であり、これはお金よりも大事だ。もし資金を失っても名誉を守ることができれば、そのあとの頑張りによっていずれ資金は取り返せる。しかし、評判を傷つけ、名誉を汚せば、利益を上げ続けるのは難しい。不動産は狭い世界なので、たとえ他人の資金を運用していなくても、将来の売り手やパートナーや銀行やブローカーやコンサルタントなどとの関係を維持しなければならない。そのため、法律に従って正しい行いをすることは極めて重要なのである。

自分の価値観と倫理観について考えるために、次の例を見てほしい。あなたは、長年の友人で、信頼できる東ヨーロッパの優れたデベロッパーとともに、あるジョイントベンチャーを始めたとする。あなたは新興国のジェーバーに、三つのビジネスホテルを開発するプロジェクトのパートナーになった。そこで、イギリスの機関投資家から借り入れた資金で、三つの立地の良い更地を買った。あなたは信認義務を負っている。プロジェクトは概念化の段階に入り、デザインや設計、そして地元政府への認可申請（新しいホテルは何百人もの雇用を生み出し、税金が増え、景観も改善するなどといった説明を含む）なども進んでいる。この開発を監督している市長から連絡があり、ぜひ開発を進めてほしい、必要な認可も与えると言ってきたが、その代わりに彼個人へのわいろを要求された（この地域のすべてのデベロッパーに対して言っている）。拒否すれば、認可に手を貸さず、計画は大幅に遅れるという。あなたならばどうするか。利益はこのリスクを正当化するのだろうか。この件はあなたの評判に影響を及ぼすのだろうか。

第10章

ジョセフ・シット

ソー・エクイティーズ
アメリカ合衆国ニューヨーク州ニューヨーク

Joseph Sitt
Thor Equities

（写真提供　ゼフ・スタータンバー）

顧客と彼らの要望を理解する

目抜き通りのキングとして知られるジョセフ・シットは、不動産業界と小売業界で洞察力のある人物として知られている。長年、目抜き通りは衰退し、かつてほどの魅力はないと言われているが、シットの意見は違う。彼は、世界の目抜き通りは今後も楽しくて、革新的で、消費者向けのビジネスが育ち繁栄する大事な場所だと考えている。パリのシャンゼリゼ通りやロンドンのボンドストリートは、一七〇〇年代末から栄えている。つまり、これらの通りは、戦争、飢餓、疫病、不況、文明の衝突、世界恐慌などさまざまな危機を乗り越えてきた。さらにシットは、これらの通りがeコマースやソーシャルコマース、仮想現実、３Ｄ印刷をはじめとする将来のテクノロジーにも耐えると考えている。理由は、これらの通りが文化のランドマークであり、優雅さと美しいデザインと楽しい集まりが組み合わさってその都市の歴史的な中心地となってきたからだ。シャンゼリゼ通りやボンドストリートのような美しい目抜き通りは世界中の大都市にある。ニューヨークの五番街、バルセロナのランブラス通り、ミラノのスピーガ通りはそのほんの一例だ。シットが大学時代に創設した不動産会社のソー・エクイティースは、世界中の目抜き通りに物件を所有している。

彼自身の言葉より

私は子供のころから不動産が大好きだった。ニューヨーク市という多様性と文化にあふれた場所で育った私は、ニューヨークの五つの区を歩き回って、異なる文化や人たちについて知った。これらの知識と大好きな建物、小売り、デザイン、取引などがうまく合致して、私は若いころから新規開発や不動産で必要な金融工学や資金調達の難しさなどといった不動産の厳しさをよく理解していた。

私は、さまざまな国や都市に出かけて、その土地の人たちがよく考えられた空間で暮らしや仕事や買い物をしているのを見るのが大好きだ。今は、マクロ投資家兼不動産デベロッパーとして世界中で仕事をしているため、世界各地を旅している。

駆け出しのころ

私はニューヨーク大学で学んでいた一九歳のとき、市内のさまざまな場所を歩き回った。マンハッタン、ブルックリン、クイーンズ、ブロンクスなどを回り、ほとんどの通りや地域は頭に入っていた。あるとき、ブロンクスにあった商業施設を、個人的なつてを介して買うことになった。当時、アメリカの不動産業界はひどい不況に見舞われていたが、私はこれが良い物件だと分かっていた。駅に近く、周りには建物が密集していたからだ。そして、この場所に関心を持っているテナント（レインボウシューズ）も知っていた。そこで、私は物件を買う前にこの信用力のあるテナントと賃貸契約を結び、その契約に基づいて金融機関から借り入れをしようと考えた。ところが、銀行はかなりの頭金を要求してきた。そこで、知り合いの建築業者を誘い、彼が必要な頭金を出す代わりに私のパートナーとして取引に加わった。私はこの取引を、「スエットエクイティ」（労力）だけで履行した。この初めての取引は、全員にとってうまくいった。

それからしばらくして、私はブロンクスで別の取引をし、区ごとのさまざまなトレンドについて学んだ。都市部の小売り客の好みや需要を調べると、都会では大きいサイズの女性服が足りないことが分かった。そこで私は、アシュリー・スチュワートというブランドを発掘し、その店舗を四二〇以上に増やした。しかし、そのあとは売却することにした。小売業も楽しかったが、やはりずっと好きだった不動産に戻りたいと思ったからだ。

株式市場で得た価値ある教訓

私の最悪の投資は、株取引だった。私は自分がほとんど知識を持たないあるメーカーに投資し、結果的にいくつもの良い教訓を得ることになった。

一つ目の教訓は、自分の強みを生かすことだ。私が最もよく分かっているのは、製造業ではなく不動産だった。

二つ目の重要な教訓は、ポートフォリオのなかで資産や通貨や地域を分散させておくことは重要であるが、そうした投資においては投資家は受動的であり、自分で投資結果を変えることはできないことに気づく必要があるということだ。

そして、三つ目の重要な教訓は、自分が運営していない事業や会社に投資をするときは、経営陣や責任者をよく調べることである。その事業を率いているのはだれか。その人のその分野における実績はどうか。ほかにはどんな幹部がいるのか。結局、事業や会社の行く末を決める最も大事な要素は経営陣であり、実際には彼らに投資しているということを理解しておく必要がある。

不動産取引の始め方

不動産を買うときは、考慮すべきことがたくさんあり、それをここですべて話すことはできない。それでも、私が経営するソー・エクイティースで行っていることをいくつか挙げておこう。

不動産の取引は、契約できる期間が限られているため（特に良い案件は）、素早く動くことが大事だ。

契約においては、売り手のことをできるだけ調べておく必要がある。注目すべき点をいくつか挙げておく。なぜ相手はその物件を売りたいのか。彼らの本業が何で、不動産に関してどれほど洗練されているのか。彼らが受け入れる最低価格はいくらか。また、売り手とは親密な関係を築くことも勧めている。不動産は人間関係の要素が大きいビジネスで、ほかのプレーヤーとの関係が良いほど、成功する可能性も高まる。

個別の案件については、マクロ的な変数は何か、現在の金利環境やインフレ予想や失業率などの状況下で安心して取引を進められるか、新興市場に参入する場合は外国為替リスクに懸念はないか、その市場の需給関係はどうなっているか――などといったことを考える。

ほかにも、取引対象の市や地区については、定住者の増加率、住民の平均年齢、自分の顧客になり得るのはどんな人たちか、それは主にミレニアム世代か、もしそうならば、彼らが使っているどのようなテクノロジーがプロジェクトに影響を及ぼしそうか、遊びや仕事で訪れる浮動人口は増えているか、その市場の法律や税金の枠組みはどうなっているか、その国や都市の政治情勢はどうなっているか――などを考慮する。

面白いことに、過去の優れたビジネスマン（例えば、ベンジャミン・フランクリン、ウォルト・ディズニー、スティーブ・ジョブズ、そして今日ではジェフ・ベゾスなど）について調べると、彼らはみんな素晴らしい未来図を持っていたことが分かる。彼らは何十年も前からトレンドを予想しようとしていた。どのような形でも、不動産に投資するときは、投資対象が一〇～二〇年後にどのような状態にあるかと自問してみてほしい。私はいつも、二〇年後に周辺がどうなっているのかを考えるようにしている。不動産は長期投資なので、今日の市場について考えすぎるよりも、長期的な見通しを重視する必要がある。これは、もしあなたのためにならなくても、あなたの買い手のためになるかもしれない。

新規物件の財務分析については、キャップレートが唯一の方法だと思っている。正しい戦略を実行した場合の二～五年後の予想キャップレートを分析するとよい。私はもともと一般的な大手投資家ではない。ソー・エクイティースは物件を再設計し、テナントを見直して付加価値を与えたりするのが本業で、時に新規開発も行ってきた。私たちは、利回り（キャップレート）だけでなく、保有期間の投資倍率とＩＲＲ（内部収益率）にも注目している。

さらには、金融機関からどれくらい借り入れができるか、融資の条件は何かということも考える。資金調達については、レバレッジが高すぎないことも大事だ。金融機関が貸してくれるだけ借りたくなるが、そこは注意しなければならない。不動産サイクルの良い時期はレバレッジが大いに助けになるが、サイクルが底の時期はレバレッジによって投資額をすべてなくすことにもなりかねない。アメリカで物件を買うならば、借り入れは最高七〇％までにしたほうがよいし、新興市場ならば、五五％程度が妥当だろう。言うまでもないが、資産の安定性（リースの条件、期間ほか）によって、判断は変わってくる。

チャンス

全般的には、多くの人が取引していない場所や投資していない時期を選ぶことが大事だ。ただ、どのような状況であっても、判断過程で堅実なファンダメンタルズ分析を行ってほしい。そのうえで、需給バランスがとれていないときに買うことができれば、さらによい。

もしあなたがリスクをとる起業家的投資家ならば、アフリカに目を向けるとよい。アフリカでは若い人の人口が増えている。一五～二四歳の人口が約二億人いて、世界で最も人口増加率が高く、次の三〇年間で一〇億人増えると言われている。そして、経済成長と多様化が進み、中流階級が拡大していく。

お気に入りの取引

私は幸運にも何百件もの不動産取引を行い、さまざまなセクターや地域にたくさんの興味深い投資をしてきた。ソー・エクイティースで手掛けている案件は、どれもさまざまな歴史がある。私たちは、文化的に意味のある物件や社会にとって重要な建物やランドマークに投資をしたいと思っている。

その一つが、ロンドンのバーリントンアーケードの買収と復元で、私にとっては特別な意味がある。これは、西洋で最も古い商店街であり、ボンドストリートというロンドン中心部でもひときわ目を引く世界有数の目抜き通りのすぐ裏にある。この取引は、私たちの出資者にも大きな利益をもたらした。この場所は、これから何世代にもわたってロンドンの貴重な名所になると思っている。

よくある間違いと考え方

私が見たなかで、不動産業者が犯した最大の間違いはレバレッジのかけすぎと、信頼できない相手と仕事をすることと、ブランドの価値を過小評価することである。

不動産の仕事では多少の間違いを犯したとしても、たいていは低迷期を乗り切ることができる（特に立地が良ければ）。しかし、レバレッジが高すぎる状態で低迷期を迎えると、復活は非常に難しい。

ほかにもよくある間違いが、相手のことを十分理解せずに取引することである。私はいつも部下たちに、良い取引でもパートナーが悪ければ悪い取引になると言っている。不動産投資は長期になることを考慮して、必ず信頼できるパートナーと仕事をしてほしい。

三つ目のよくある間違いは、自分の評判の重要性を理解していないことである。パートナーや投資家や関係機関やエンドユーザーや同業者には、誠実に対応しなければならない。公正であり、約束は守らなければならない。そうすれば、あなたのブランドに投資家や資金やテナントや買い手やそれ以外のさまざまなものが引き寄せられてくる。ブランド以上に大事なものはない。

不動産の仕事を始めようとしている私の子供たちには、身を粉にして働くよう伝えている。自分の評判を何よりも大事にしろとも言っている。また、自分の仕事を好きになってほしい。好きなことをしていれば、成功やお金は自然についてくるからだ。

また、子供たちには精神力の大切さも伝えている。強い心は、不動産のみならず、どんな仕事にも欠かせない。そして、強い心や決意や意欲や動機はすべてつながっている。

関連する技術はもちろんあったほうがよいし、数字に強いことも不動産の仕事ではとても重要だが、強い心はそれよりも重要だ。自分を信じることができれば、成功への道は見つかる。エルナン・コルテスの考え方に関するエピソードには、大事な教訓が含まれていると思う。

一五一九年、コルテスはスペイン兵六〇〇人の大遠征隊を率いてメキシコのベラクレスに向かった。彼は現地に到着すると、すぐに乗ってきた船を燃やすように命じた。戻らない覚悟を明確に示したのだ。素晴らしい財宝を探し当てるか、その途中で死ぬしかないということだ。コルテスと彼の部隊は、二年でアステカ帝国を征服した。彼の戦略は、兵士たちの頭から失敗という概念を消し去ることだった。兵士たちに、自分たちは成功するという深い信念を強制的に植え付けたのだ。

メンター

起業家になって新しい会社を立ち上げ、世界を相手に戦うのは刺激的だ。しかし、現実にはたくさんの不運な出来事や想定外の出来事が次々と襲ってくる。例えば、不動産では突然何らかの政治的混乱、自然災害、地政学的争い、新しい破壊的な技術、地域市場の混乱をはじめとするさまざまな問題への対処を迫られる。これらの出来事は、ほとんどの場合、あなたの力で何とかできるものではないが、これらの難問から自分の会社やプロジェクトを守るためにできることは必ずある。

もしあなたが若ければ、これらの問題に対処するだけの経験がないかもしれない。そこで、このようなときは、人生とビジネスの経験が豊富な人の指針を仰げば、学習曲線を短縮できる。また、メンターがいると、ほかにも大事な教訓を得ることができる。

私も、そのときどきで何人かのメンターから価値ある教訓をいくつも得た。私にとって最高のメンターは父で、若いころからとにかく身を粉にして働くこと、けっしてウソをつかないことといった価値ある教えを授けてもらった。この二つの教えは私のなかに深く染み入り、私自身も自分に近い人たちに伝えていこうと思っている。父は、誠実さにグレーはなく、白か黒しかないのだとよく言っていた。

父は、夢は大きく持てとも言っていた。また、あえて夢を持つことが大事だとも言っていた。

夢があれば、それを実現するための道が見つかるからだ。

不動産とテクノロジー

テクノロジーは不動産のあらゆる市場やセクターをかき乱している。おおまかにいうと、テクノロジーは人が必要とする空間を減らしている。小売業において、オンラインショッピングの影響は明らかだし、オフィスでも自宅勤務の人が増えている。ホテル業界では、エアービーアンドビーなどの会社が、住宅セクターではコリビング（基本的に週～月単位で好きな場所で暮らすスタイル）やスマートホームが衝撃を与えている。

カーシェアリングは世界中に広まり、アメリカではあと何年かで自動運転が普及する。３Ｄ印刷はすでに実用化されており、これが建設や建設費用に与える影響もいずれ明らかになるだろう。不動産フィンテックのスタートアップ（金融サービスを自動化したり改善したりするテクノロジーを使う会社）が、すでに市場に参入してきている。今後はロボット工学やＣＡ（経験的知識に基づいた自動化）が不動産業界に影響を及ぼすことになるだろう。私たちがまだその存在すら知らないソフトウェアやアプリやテクノロジーが、業界に大きな影響を与えることになるのだ。不動産の仕事をする人は、みんな来るべき変化に備えておく必要がある。

ルーティン

私は、不動産と関係のないものをたくさん読んでいる。例えば、世界中で仕事をしている私は、世界中の新聞を読んでいる。科学や新しい発明についての本や芸術関係の雑誌や歴史書やテクノロジーやそのほかの興味ある分野についても読む。そして、読んだことの多くを仕事に応用している。

また、ニューヨーク・タイムズ紙やウォール・ストリート・ジャーナル紙、エコノミスト誌、ニューヨーカー誌といった伝統的な新聞や雑誌も読んでいる。

愛読書は、ミッチ・アルボムの『モリー先生との火曜日』（NHK出版）と、ジム・ストーヴァルの『究極の贈りもの――すべての人に伝えたい巨いなる心の遺産』（グスコー出版）だ。この二冊は、人生で何が大事かを大局的に描いている。

そのほかに、朝のルーティンとして週に数回運動し、毎日祈っている。

最後に

私は、誠実ささえあればあとはどうとでもなると思っている。誠実さは、仕事をするうえで、あなたが持てる最も大事な資産なのである。

死んだあとも持っていることができるお金は、慈善団体に還元したお金と生前に正しい理由で使ったお金のみである。

私は、二つの視点のバランスがとれていると充実した人生が送れると思っている。以前に読んだ心理学の調査では、九八人の入院中の高齢者に人生最大の後悔は何かと聞くと、答えとして挙がったのは実際にやったことではなく、勇気がなくてできなかったことばかりだった。そこで、私は自分に与えられたものを感謝し、後悔のない人生を送りたいと考えている。

かつて、賢い人から「幸せは欲しいものを得ることではなく、すでに持っているものが欲しいと思うことだ」と言われた。私はこの言葉が気に入っている。多くの人たちは、人生でたくさんのことを成し遂げようとする。それは素晴らしいことかもしれないが、幸せは、自分が持っているものに感謝するときに見つかるものなのである。

カギとなる考え方

- 投資を考えている地域があれば、周辺や通りを歩き回って顧客の好みや優先したいことを理解することが大事。
- 自己資金をほとんどか、まったく使わなくても取引はできるが、そのためには創造性を発揮することと信頼を得る必要がある。
●投資のチャンスは、定量分析と定性分析によって間違いを避けることが欠かせない。
●不動産で成功するために必要な特性はいくつかあるが、強い心が最も大事。
●誠実さと良い評判を何よりも大事にする。これらはあなたが持っている最も価値ある資産。

練習問題

本書を読み終わった翌週に、あることをして、心を強くしてほしい。ジョセフ・シットのような優れた人たちは、世界は何でも可能だと思っている。また、知的好奇心も旺盛だ。そこで、あなたにもできることをいくつか挙げておく。想像をかき立てるようなポッドキャストを聞く。メンターに会ってそれまでとは違うテーマについて話す。思考レベルを上げてくれる本を読む。新しいタイプの認知力を上げるために瞑想する。自分のレベルアップを助け、考えや経験を話してくれる不動産の優れたプロが集うマスターマインドグループに参加する。

第11章

カルロス・ベタンコート

ブレスコ
ブラジル・サンパウロ
Carlos Betancourt
Bresco

忍耐こそ究極の善である

人類で最も偉大な頭脳を持つ一人であるレオナルド・ダ・ビンチは、「単純さこそ究極の洗練である」と言った。カルロス・ベタンコートと話をして、彼の信念の一つは物事を単純に保つことだと分かった。これは世界の偉大な人たちの生き方でもある。需要と供給の法則を理解し、さまざまなサイクルを理解し、流動性は価値だということに気づくことは、すべて不動産の基本的真実なのである。これらのことは、ベタンコートの視点を通じて、潜在的な投資チャンスとリスクを軽減する方法を教えてくれる。もしあなたが情報を求め、雑音と意味のあるものを見分けることができる真剣な観察者ならば、理解すべきことも学ぶべきこともすべてそこにある。

単純さを極めるのは難しい。複雑なアイデアを精製して明快かつ単純な考えに昇華させるのは、時間がかかる難しい作業だ。ベタンコートはそれに秀でている。彼と話をしていたら、プロとしてこの能力を持つことによる二つのメリットが明らかになった。一つ目は、自分が得意なことに集中できることで、二つ目は社員や投資家や納入業者やエンドユーザーなどに、自分がやろうとしていることをよりうまく伝えることができることである。

彼自身の言葉より

不動産の仕事は、私のＤＮＡに組み込まれており、若いころからこの仕事をする運命にあることは分かっていた。私の家族は、何代も前から不動産の世界で生きてきたのだ。

父は私の人生に大きな影響を与えた。三年前に亡くなり、寂しいと思わない日はない。父はまだ自由な国だったキューバで生まれたが、母と結婚してすぐ、カストロの独裁支配が始まった。

父の家族は、不動産ではなく生コンクリートの仕事をしていた。父は、まだ多少の自由があったときに国を離れる決意を固めた。キューバでの経験をブラジルで生かして、自分と母と将来の家族のためにより良い生活を模索することにしたのだ。

当時、ブラジルには生コンクリートの会社がなかったため、父はそこで事業展開を考えた。父はポルトガル語をまったく話せなかったが、叔父が事業を始めるための十分な資金を貸してくれた。父は、外国でわずか三台のトラックから新しい会社の基礎を築いた。

父はブラジルに新しい産業を持ち込み、新しい建設市場で先発者の優位性を得た。間もなく、父は地域最大の建設業者になり、ブラジルとウルグアイ全土で数百台のトラックを運用するようになった。私たち兄弟はこの仕事を見て育ち、工場が遊び場だった。

建設から不動産への転換はさほど大きなことではない。私は、父がすでに持っていたネットワークを使ってビジネスを広げていった。

時間の経過とともに、記憶が薄れていく取引もあるが、最初の取引がいつ、どこだったかは今でもはっきりと覚えている。私は、初めての不動産取引を前に、ある住宅地について家族を説得しようと決めていた。政府が少し前にこの地域の区画を変更したことで容積率が増え、高層建築が可能になったことを知ったからだ。私は大きな計画を立て、大きな価値を見いだした。

これは初めての取引としてはかなり意欲的なものだった。大きな区画を作るために、一二件の住宅を買収しなければならなかった。幸い、この区画をすべて手に入れることができた。

この取引は、不動産における最も大事な教訓の一つを与えてくれた。状況は常に変化しているため、相当な忍耐が必要だということである。一人との交渉がまとまっても、別の人の気が変わるということがよく起こるのだ。

最終的には、買った土地を合わせて、一二棟のオフィスタワーを立てた。私たちは大きなリスクをとったが、大成功を収めた。また、予定したよりも時間がかかったが、努力と忍耐の価値は十分あった。

お気に入りの取引

私のお気に入りの取引は、八年ほど前にブラジルで最も重要な貨物空港であるビラコポス国際空港のすぐ近くに土地を買った案件だ。ビラコポスは、民間航空庁が国内最高の空港だとしており、大手航空貨物専門誌のエア・カーゴ・ワールド誌も、世界で最も経営状態が良い空港の一つだとしていた。ここはサンパウロ中心部から一時間の距離にある。

私はこの空港のすぐ隣にある土地を買った。住宅地ではなかったが、私はよく冗談で、ここはオーシャンフロントだと言っていた。駅も空港も最高の高速道路もすぐ近くにあり、ブラジルで最高の場所だったからだ。ただ、素晴らしい場所ではあったが、取引は簡単ではなかった。正しい書類をそろえるのは戦いだった。土地を買うだけでも、政府のお役所仕事には果てしない時間がかかったからだ。

私たちは土地を買う必要があり、支払いの大部分は適切な書類を取得してから行うことになっていた。この手続きには二年かかった。この土地には、多目的施設を作るつもりだったが、管轄するカンピナル市の処理は非常に官僚的だった。

土地を買ったあとは、さらに四年かけてその土地の建物を買っていった。しかし、この苦労は報われた。

私は、この土地にオフィスビル、ホテル、店舗、ランニングコース付きの公園、巨大なフィットネスセンターなどを建設して、小さい都市のような空間を作った。安全性は最初から一番の関心事で、人々が安全で幸せに暮らすことができる地域を目指した。ブラジルの成功者の暮らしには、ある種の危険があり、私たちはその危険を抑えることができる安全なコミュニティーを作ったのである。

このプロジェクトが完成したとき、コミュニティーのなかの広場を父に捧げた。このことによって、このプロジェクトは私にとって特別なものになった。

厳しい教訓

最もうまくいかなかった取引からは、謙虚さについても不動産についても学ぶことが多かった。

ブラジル北部のアマゾナス州にマナウスという市がある。私たちは厳しい入札競争の末に倉庫建設を受注した。そして、ブラジルの三大法律事務所の一つを使ってデューディリジェンスを行った。

私たちは土地を買い、設計をして建設を始めた。現地にトラックが出入りし始めると、何人かの男たちがやって来て、自分たちの土地で何をしているのかと言ってきた。

調べてみると、私たちに土地を売った人物は偽造文書を提示していた。彼はこの土地の所有者ではなかったのだ。私は当惑し、事態を信じられなかった。実は、公証人も共謀していたのだ。幸い、権原保険によって損失は免れた。

私はこの地域の業者たちの話を聞き、似たようなケースが多くあることを知った。この件によって、私は不動産開発は地域ビジネスだということを痛感した。自国のなかでも、州や市によって規制も慣習も違う。地域ごとに事情がまったく異なるし、今回のケースでは統制すら取れていない地域だった。

ブラジルは、南部は法律も体制も整っているが、北部はいまだに開拓時代のアメリカのようなところである。新しい地域に進出する危険は常にある。不動産の仕事で新しい地域に参入するときは、市場データと現地の専門家の言うことを忠実に守る必要がある。「同じ国」なのだからルールは分かっているなどと思っていたら、莫大な損失を被りかねない間違いを犯す可能性が高い。マナウスの案件は、以前に仕事をしたことがあった場所から飛行機で五時間のところだった。

どのようなときも注意を怠ってはならない。新しい市場に参入するときは、優秀で信頼できる現地の業者と組むことを勧める。

不動産の仕事を始めるときは、一つの地域で集中的に仕事を覚えるのがよい。そこで、できるだけ深い知識と専門性を身につけるのだ。国の反対側で倉庫を建てたり、国中で倉庫や住宅を建設するのではなく、一つの地域の特定のセクターに集中特化して取り組むべきだ。

リスクの高いビジネス

私が案件を探すときは、建設するときでも、土地を買うときでも、住宅をオフィスビルに建て替えるときでも、まずは三つのサイクルを分析する（図11－1）。

私は投資している場所について、経済サイクルと政治サイクル（特にブラジルでは）、そして不動産サイクルを調べ、次のようなことを考える。金利は上がっているのか、それとも下が

図11－1　3つの主なサイクル――経済、政治、不動産

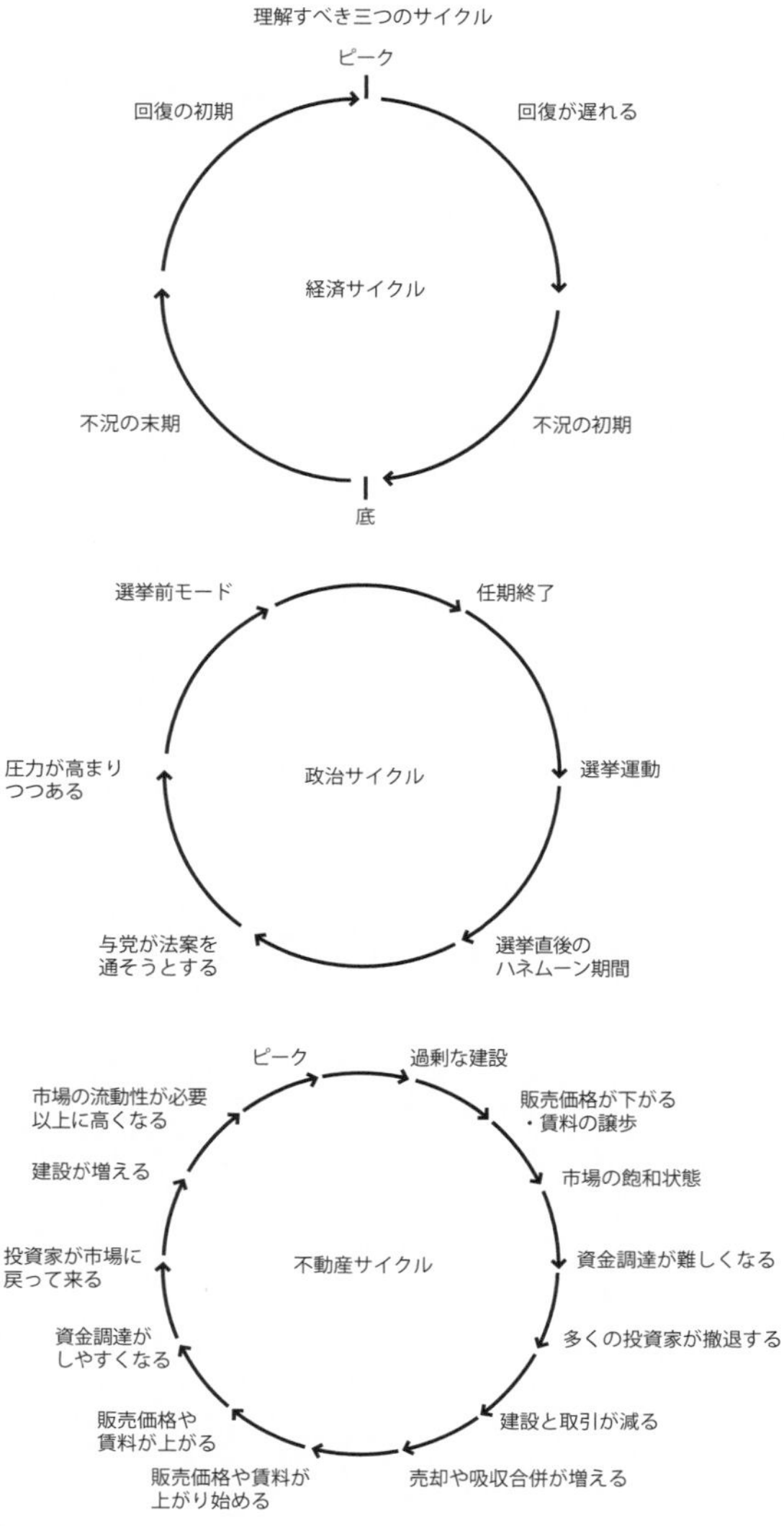

っているのか。政治家は規制を強化しようとしているのか、それとも緩和しようとしているのか。地方自治体がプロジェクトに大きな変化をもたらすような法案を検討していないのか。税法は変わらないのか。新しい大統領は不動産に関する変更を約束しているのか。市場に新たに大企業が参入していないのか。銀行はデベロッパーや買い手に融資しているのか。

不動産市場にはサイクルがあり、売り手よりも買い手が多い時期もあるし、その逆もある。そして、変化は比較的速い。私は、この三つのサイクルを考慮しながら投資をすべきか、投資する場合はどのような物件やどのような場所を選ぶべきかを決めていく。

いつリスクをとって、いつ保守的になるかについては、それぞれ個人的な見方がある。もしかしたら私は逆バリ的な性格なのかもしれないが、市場が逼迫して活発な動きがなく、投機的な建設がされているときに、資金を投入することにしている。これが私のマクロ分析だ。

また、興味を引く案件があれば、その場所に実際に行ってみる。現地やその周辺やその市を歩き回って、ファンダメンタルズを理解するのだ。

現地の価値と質を判断することは非常に重要なことだ。立地が気に入り、私の最初のテストをパスしたら、取引の経済性を検討する。経済的に妥当な取引なのか。レバレッジは適切なのか。

私は世界中の物件に投資しており、複数のテナントに好まれる物件を探している。特定の人たちや特定の業界のみを引きつける物件には少し懐疑的になる。

もし私が一〇代の終わりから二〇代初めに戻り、父が築いた基盤がないなかで不動産の仕事を始めるとしたら、住宅から始めると思う。人はみんな家を必要としている。特に、ブラジルでは住宅の需要が大きく、私たちができることはたくさんある。

物流はとても重要だ。テクノロジーだけでは物流の問題は解決できない。この分野では破壊はあまり起こらず、むしろニーズは増えるかもしれない。

私は、住宅のなかでも多目的物件のなかにあってコミュニティーのようなものを作り出すことができる住宅を好んで買っている。移動と安全にたくさんの問題を抱えているブラジルでは特にそうだ。みんな生活や買い物や仕事が同じ場所でできることを望んでいるため、これらが私にとって三つの主な要素となっている。

私は、店舗やホテルといった商業不動産への投資はあまり好まない。物件はいくつか所有しているが、私の中核事業ではない。

もし長期的な不動産の投資先を探していて、新興市場のリスクをとれるならば、インドや中国や南アフリカなどに非常に興味深い案件がいくつもある。

レバレッジ

レバレッジの使い方はいくつかある。個人的な使用目的で投資する場合ならば、規律を守ったうえで、ある程度のレバレッジを使うのはよいと思う。不動産は資本集約的なので、レバレッジがないと、買うのは難しくなる。ただし、借り入れはリスクを理解し、必ず返済ができることを確認したうえで行ってほしい。

もしあなたが投資家ならば、銀行からの借入額は十分注意して決めてほしい。私が経営するブラコーでは、ＬＴＶ（総資産有利子負債比率）を四五～六〇％にして、その取引が妥当なものかを注意深く検討している。

私たちが日本に投資したときは、現地の銀行が年率わずか一％で融資してくれた。これはほとんど無利子に近いので、レバレッジを大幅に増やすことも可能だった。一方、ブラジルでは利子が二桁になることもあるため、価格があまり高いと取引ができないこともある。リスクが高すぎれば、取引を見送らざるを得ないこともあるのだ。

ブラコーの手法は保守的で、リース契約と借り入れが連動した自己償却ローンを好んで使っている。どのような方法でリスクを抑えたとしても、感情に溺れて物件やポートフォリオのレバレッジを増やしすぎてはならない。

不動産市場に初めて参入する人の多くは、九時から一七時までの定型の仕事に慣れている。そのため、不動産取引を金融取引であるかのように勘違いしてしまう。しかし、不動産は本当の金融資産のようには流動性が高くない。株や投資信託に投資する場合は簡単に換金できるが、不動産はそうはいかない。買い手がいなければ、物件を現金化することはできないのである。

極めて裕福で経験豊富な投資家でさえ、不動産の世界に参入するとこのような間違いを犯すことがある。不動産も株と同じように簡単に転売できると思って参入するのは、大きな間違いなのである。

不動産という資産は、維持費がかかり、空室率を心配し、固定資産税が課されるということを覚えておくべきだ。また、株ならば、近所で誘拐事件が起こったり、冬に水道管が破裂したり、洪水に見舞われたりしても価値が下がることはない

物件は、伝統的な金融資産とはかなり違う。投資をするときは、自分が三つのサイクルのどこにいるのかに注意を払ってほしい。前向きなニュースを聞いたからといって、価格が高い時期に参入してはならない。

不動産では、忍耐こそ究極の善である。不動産は流動性が高い資産ではない。そのため、投資をするときはまず質を考える。もし素早くリターンを上げようと思っているならば、おそらく失望することになるだろう。質というのは、需要が大きい市場にある立地が良くて質が高い建物のことである。

ほかにも考えることがある。その物件は、社会の実際のニーズにどのように役に立つのか。その物件を改善したり維持したりするために資本支出が必要なのか。その物件にはどのような魅力があるのか。その物件やプロジェクトの周辺にはどのようなインフラがあるのか。近い将来、その物件の近くに新しい高速道路や輸送手段ができる予定はあるのか。何かマイナスなこ

とが起こる可能性はないのか。その市場では何が起こっているのか。認可は下りそうなのか。ジムやスターバックスや駅まではどれくらいの距離なのか。

これらの質問は、デューディリジェンスの初めの項目にすぎない。

当然ながら、取引相手がその物件を所有していることも確認したほうがよい。私の間違いを参考にして、似たような状況を回避してくれればうれしい。

ちなみに、必要に迫られて行う取引はとても危険である。このような取引は、劣った危険な判断につながりかねない。

私の部下は毎日のように私の意見を聞いてくる。取引は必要に駆られてするものではなく、条件が整ったらしたいとかぜひやってみたいという姿勢で取り組むようにしているからだ。多くの業者が、ライフスタイルを一段階上げるためとかプライドのために買う必要があるとか売る必要があると感じている。しかし、そのような取引はたいてい悪い結果に終わる。

必要に迫られて買ったり売ったりしたときは、ほとんどが良い結果にはならない。感情が入り込むからだ。私たちは「競売の刺激」はいらない。感情などの心主導ではなく、分析と理論という頭主導で取引したい。

取引は、必要だからではなく意欲に基づいて進めると、感情を抑えて合理的に実行できると思う。

テクノロジー

面白いことに、テクノロジーは状況を一変させている。物流は変えることができないが、ホテルに対抗するエアービーアンドビーができ、オフィスに対してはリキッドスペースができ、アマゾンは世界中で小売店に影響を及ぼしている。

私はこの二～三年、テクノロジーによる破壊が不動産市場にどのように影響しているかを調べるため、テクノロジー会社から継続的に学んでいる。

例えば、シリコンバレーに行って、ウーバーやエアービーアンドビーやグーグルをはじめとするテクノロジー会社の幹部の話を聞いている。テクノロジーは大きな問題で、現実に起こっていることでもある。

また、自動運転車はすべての業界に大きな影響を及ぼし、ショッピングセンターや建物全般（小さな駐車場を含めて）の設計も変えていくと思う。

私の一番の懸念は、不動産業界がよりデータドリブンのビジネスになることである。私が投資している会社の一つは、すでにそうなっており、判断過程で大量のデータを用いている。

そのなかで、私はどのテクノロジーツールが消費者の需要にかかわってくるのか注目している。消費者の「ニーズ」に応えるツールやデータはたくさんあり、無批判に受け入れれば圧倒されるばかりだろう。

一般的に、不動産に必要なのは知識だと思われている。本を読み、キャップレートが何か分かれば、大儲けできるというのだ。しかし、不動産の成功は、実際には感情気質に大きく左右される。私の周りには、一流大学や一流企業出身の極めて賢い人たちが大勢いる。彼らは私よりも知能指数が高く、高性能のパソコンとソフトウェアを駆使しているが、計算や数字や詳細ばかりに注目して、全体像を見ていない。

そのような考え方をしていると、視野が狭くなり、全体像のほんの一部についてしか考えが巡らせなくなる。

リーダーとしてのスキル

リーダーとしてのスキルは、継続するプロセスのなかで発達する。そして、このスキルは磨いていないと衰えていく。ほかの人たちにひらめきや動機を与える方法を見つけること。不動産におけるリーダーシップは、計算して利益を出すことではない。リーダーは、時には取引相手や部下にある種の共感を示したり、元気づけたりする必要がある。私たちは、多くの人たちの人生に劇的な影響を及ぼす可能性がある仕事をしているのである。

不動産業界では、人が住む家や仕事をする建物を売買している。しかし、だれかの暮らしや家を取り上げるようなことをするべきではない。私はいつも「この場所は以前よりも良くなるのだろうか」と考えている。取引の目標はもちろん利益を上げることだが、自分の良識や倫理観を犠牲にしてまで儲けたいとは思っていない。エンドユーザーを破綻させるつもりはないし、むしろコミュニティーの全員に付加価値を与えたいと思っている。

不動産の世界では、あとで後悔するようなこと（敵をつくったり、困っている人につけこんだりするようなこと）をしなくても、大金を稼ぐことができる。

自分がいつ困ったことになるかは分からない。世界最大級の不動産会社でさえ、不況で破綻することがある。宿命を信じるかどうかは別として、世界につぎ込んだエネルギーは何倍にもなって自分に戻ってくるのである。

一〇年前に相手の弱みにつけこんだ取引が、いずれ次の不況であなたを悩ませることになるかもしれない。あなたが弱い立場にいるときに、ほかのだれかが、一〇倍あるいは一〇〇倍の規模でかつてのあなたと同じことをするかもしれないのだ。

リーダーは、心理学の要素を理解しておくことが重要だ。私は部下たちに自分の考えを繰り返し伝えている。また、取引相手とは良い気分で別れたい。私は、この先起こり得る問題を五年後まで予想するようにしている。

あなたがリーダーとしての資質を備えているとしても、学び続けることは重要だ。どれほど成功しても、必ずまだ学ぶことはある。私はこのことを、サム・ゼルとパートナーシップを結んだときに学んだ。彼は非常に客観的かつ直接的な表現を好む。私が隠喩や象徴を使った表現をしても分かってくれないが、彼は素晴らしい心理感覚を持っている。それでも彼は莫大な成功を収めている。成功は特定の性格の人だけのものではないということだ。

私の父とゼルは私にとって最も大事なメンターだ。父からは、倫理や忍耐や情熱を学んだ。そして、長年パートナーシップを組んでいるゼルからは展望と客観性、そして驚くべきビジネススキルについて刺激を受けている。

健康を保つことも重要だ。不動産は、長い忍耐を必要とする仕事だ。健康であるほうが、仕事に使える時間も増える。仕事で健康を犠牲にすることは勧めない。命を縮めていることに気づいたときに後悔することになる。

私はボートに情熱を注いでいる。スポーツには四〇年以上親しんでいる。始めたのは一〇代のころで、ジュニア時代はブラジルの代表チームにも選出された。選手時代は、毎日五時半に起きて練習していた。これは私のスケジュールに影響を与えた。また、マラソン大会にも一五回出場している。さらには、二〇年以上、トライアスロンの大会に出場し、今も続けている。

今でも、私は毎日運動をしている。休みを取れと言う人もいるが、私のDNAのなかに、運動をしないとだるくなる何かが入っているようだ。そして、運動はそれ以外のことすべての助けになっている。そのほかにも、サーフィンやボクシングもする。年に二～三回はサーフィンをするためだけに娘たちとモルジブに行っている。

近年は、瞑想も試している。自分だけはそれをしないだろうと思っていたが、今では大きな価値を見だしている。そして、少しだけ音楽にも時間を使っている。パーカッションを演奏しているのだ。

私は、サンパウロのスラム街の子供たちを助ける活動もしている。恵まれない子供たちが情熱を燃やすのはサッカーとパーカッションで、その二つがブラジルで貧民街から抜け出す最善策でもある。

私たちは、長年の間に数百人の子供たちに手を差し伸べてきた。この慈善グループは私が始めたのではないが、まだ一五～二〇人の子供しか支援していなかった初期のころから参加している。この活動では、マドンナやジョン・メイヤーやウィントン・マルサリスなどといった素晴らしいアーティストのコンサートも開催している。

あるとき、ファンドの評議員会で子供たちがパフォーマンスを披露した。すると、一人が「この子たちがアメリカンフットボールの試合のハーフタイムでパフォーマンスを見せることを想像してみてください」と発言し、すかさず私が「ぜひ実現しましょう」と答えた。

一カ月後、アメリカのインディアナ州サウスベンドにある名門校ノートルダム大学から手紙が届いた。最も過酷な環境で暮らしている五〇人の子供たちが招待され、ノートルダム対スタンフォードの試合に参加できることになったのだ。

ノートルダム大学からは理事就任の依頼があり、今年は四年目になる。

私の理念

人は自ら学び続ける必要がある。私の両親がキューバを離れたとき、所持金は一ドルもなかった。私は、すべてを奪われても経験と教育は一生なくならないということを学んだ。知識は人類のため、家族のため、地域のために使うことができるし、子供たちに伝えていくこともできる。

また、人生のバランスも大事だ。仕事だけというわけにも、楽しいことだけというわけにもいかない。人生にはそれ以外のたくさんのことがある。不動産の巨人として本書のインタビューを受けるのは名誉に思うが、自分でこのような呼び名を使うのは躊躇する。私は、まだ完璧なバランスをとることはできていないと感じているからだ。まだまだ学ぶべきことも、やるべきこともあると思っている。

私はまだ山頂には立っていない。ほかの人たちよりも少し先に行っているだけで、その人たちよりもピークに少し近いというだけにすぎない。自分の完璧なバランスをまだ模索しているということだ。

うまくいかなくてもかまわない。道のりは目的と同じくらい重要だからだ。

人生は短い。人生のあらゆる時間を楽しむため、できるかぎりのことをするべきだ。また、自分が好きなことを仕事にし、情熱に従ってそこから利益を上げるための正しい方法を見つけてほしい。不動産は、素晴らしくて楽しい冒険になり得る道だと思う。

カギとなる考え方

●長期的な計画を立て、必ず下降期があることを認識しておく。人の記憶はたいていサイクルよりも短い。
●不動産開発にはサイクルがあることと、州や市ごとに異なる現地のやり方や規制を学ぶ必要があることを知っておく。
●不動産の仕事を始めるときは、一つの地域を選んでそこで仕事を習得するのが最善策。そこで、知識と専門性をできるだけ深めてほしい。
●知っておくべき三つの重要なサイクルは、「経済サイクル」「政治サイクル」「不動産サイクル」だ。投資をする前に、現在はこの三つのサイクルのどこにあるのかを必ず分析しておく。
●不動産では、逆バリ思考がよい。市場が逼迫しているときは、動きが少なく、銀行は投資家にほとんど融資せず、投機的な建設が増えるが、これは良い買い時でもある。
●初めて投資するときは、必ず質にこだわって物件を探す。素早く儲けることを期待したら、おそらく失望することになるだろう。質が高い物件とは、堅実な需要があり、質の高い建物がある市場の立地の良い物件のこと。
●大事なのは、忍耐、忍耐、そして忍耐。不動産は、長期的な戦いなので、短期投資だとは考えないでほしい。
●不動産に投資するときはけっして感情的になってはならない。感情やエゴではなく、数字と論理に基づいて考える。
●お金や資産が奪われることはあっても、脳や知識は奪うことができない。毎日、知識を蓄え、それを人類のために使ってほしい。

練習問題

ベタンコートは、三つのサイクル（経済サイクル、政治サイクル、不動産サイクル）を分析して、投資すべきかどうかを判断し、投資する場合はどの地域のどのような物件かを考えている。不動産の投資先を探すときは、この三つのサイクルを描いてみて、自分が今そのどこにいるのかを判断してほしい。それができたら、付加価値を与えてくれそうな人に、その結果を判定してもらうと、現状がより明確になり、判断の助けになる。

第2部　七つの教え

　不動産の巨人たちにインタビューをした結果、私は巨人たちには共通する七つの教えがあることに気がついた。ちなみに、彼らに共通する特質のいくつかは、私が不動産業界でこれまで上司やパートナーや取引相手としてかかわってきた数人の億万長者たちにもあると感じている。これから紹介する七つの教えが私の独りよがりな考えではなく、ほかの人たちも同意できるものであることを確認するため、私はこのリストを、不動産の異なる分野で大成功し、それぞれが不動産業界の複数の億万長者と交流がある三人のプロに見てもらった。すると、彼らもこの七つの教えが、不動産業界で素晴らしい成功を収めた人たちに共通する幅広い知識と専門性の本質だと同意してくれた。

　ただ、これらの教えは、独立した特性について書いたものではなく、同じ主題の異なる側面だということを理解することも大事だ。そのため、例や応用方法については重複するところがある。これら七つの教えは、個別にではなく全体としてとらえ、その知識を必要に応じて応用するよう勧める。

第12章

一つ目の教え――「強い心を持つ」

二〇〇四年、アディダスは次の有名なキャンペーンを開始するにあたり、そこから引用した「不可能なんて、ありえない（Impossible is Nothing）」というスローガンを掲げた（このキャンペーンの概要については、https://quoteinvestigator.com/2017/11/28/impossible-is/ 参照）。

「不可能」とは、自らの力で世界を切り拓くことを放棄した、臆病者の言葉だ。
「不可能」とは、現状に甘んじるための言い訳にすぎない。
「不可能」とは、事実ですらなく、単なる先入観だ。
「不可能」とは、誰かに決めつけられることではない。
「不可能」とは、通過点だ。
「不可能」とは、可能性だ。

「不可能」なんて、ありえない。

このキャンペーンはアスリートに向けたものだったが、このスローガンとコピーはすべての人の人生のあらゆる場面に応用できる。このスローガンを、決意だとする人もいれば、気概だとする人もいる。どのように呼ぼうとも、強い心は世界の偉大な人たち――ビジネスリーダーでも、アスリートでも、不動産の巨人でも――の最も基本的な特質と言える。

強い心を持った人は、成功までの道のりの最も苦しい時期（みんなが難しすぎると投げ出すとき）を切り抜けることができる。強い心は、不動産の巨人をあきらめさせなかった。強い心は、彼らに展望や夢を実現するための個人的な見通しを与えた。そして、任務を遂行し、世界に影響を与えるための絶え間ない追求の原動力となっている。

ロヒット・ラビの場合、強い心がインド洋に浮かぶ島で、どれほどの困難があっても開発を続けさせた。嵐によって計画が遅れてもすべての建材を船で運び、世界レベルの人材を育てることは、自分を信じる力がとてつもなく強くなければできない。

エリー・ホーンの場合、強い心は知識を蓄え、ひらめきを探すことだ。これは、けっして満足せず、人生のありがたさを忘れないことと、想定外のことや、必ず訪れる下降期や、避けることができない景気のサイクルに常に備えておくことでもある。

リチャード・マックの場合、強い心は、自分自身と自分が可能だと思う展望を信じることからきている。彼にとって、これは東ヨーロッパでほとんどの人には見つけられない取引を探し、そのチャンスを追い求める勇気を意味している。

カルロス・ベタンコートの場合、強い心はたくさんの困難を乗り越えて土地を合筆し、区画全体を再開発し、職や税金やインフラなどを整えて何千人もの人たちを助けたいという動機からきている。現地政府が協力的でなくても、周辺の抵抗に遭っても彼はあきらめない。これは、不可能をものともせず、展望を確実に実現させることである。

ジーナ・ディエス・バローソの心を強くしているのは、今ある限界を押し広げたい理由があるからだ。彼女は、それまでずっと行われてきた方法を変えて、はるかに良い方法を見つけようと努力している。みんながどれほど困難だと言っても、そんな雑音でひるむバローソではない。

巨人たちはみんなキャリアのどこかの時点で、そんなことはできない、難しすぎる、競争が激しすぎるなどと言われたことがある。しかし、彼らはそんな声には耳を貸さず、挑戦し続けて道を見つけた。チャンスを追求すればいずれ成功すると信じていれば、「ノー」という答えは受け入れられない。挑戦は、克服できないと思った瞬間、失敗に終わる。解決策は必ずあることを理解していれば、それはたいてい見つかるものだ。不可能なことを達成できるのは、何でも可能だと信じている人たちだということを、ぜひ覚えておいてほしい。

カリフォルニア州の完璧なショッピングセンター

カリフォルニア州アナハイムにあるディズニーランドは、敷地が約四〇万平方メートルあり、毎年約一八〇〇万人が訪れる。実は、そこからそう遠くないロサンゼルスにザ・グローブというショッピングセンターがあり、敷地は一〇万平方メートルだが毎年一九〇〇万人が訪れることを知っているだろうか。この数字を初めて聞いたとき、私は不思議に思った。

小さなショッピングセンターに、なぜ「地球で一番幸せな場所」よりも多くの人が訪れているのだろうか。私は、この場を作った人物と彼のチームがどのようにしてアメリカ（世界でも）で二番目に成功しているショッピングセンター（一平方フィートの売上高ランキング、https://fortune.com/）を作り上げたのかを理解するため、すぐにザ・グローブのオーナーであるリック・カルーソに連絡をとった（彼は本書のインタビューイーではないが、彼と話をする機会を得て、カルーソはアメリカで最高の不動産デベロッパーの一人であるだけでなく、学ぶ価値があるエピソードと考え方を持った人物だと思うに至った）。

二〇〇〇年代初めにグローブを開発する前、カルーソは同業者やコンサルタントや親しい同僚たちから、これは失敗に終わるから見送ったほうがよいと言われた。道路の反対側なら良かったとか、ビバリーセンター（当時、カリフォルニア州で最も流行っていたロサンゼルスのショッピングセンター）に近すぎるとか、この地域にこれ以上小売店は必要ないなどという人たちもいた。実際、ロサンゼルスにはすでにたくさんのショッピングセンターがあった。

しかし、彼はこのような限定的な考えには耳を貸さず、世界中の高級ショッピングセンターを調べて回った。理由は、歴史を知っていたからだ。彼は、パリのシャンゼリゼが一七〇〇年代末に文字どおり目抜き通りになって以来、ずっと賑わっていることを知っていた。つまり、シャンゼリゼは世界大戦、飢饉、疫病、世界大恐慌、文明の衝突、世界的な不景気を含むさまざまな出来事を乗り越えてきた。これは、アマゾン、eコマース、ソーシャルコマース、仮想現実、３Ｄ印刷をはじめとする将来のテクノロジーにも負けないということである。

カルーソは才能ある建築家とともに、サウスカロライナ州チャールストンのキングストリートやボストンのニューベリーストリートといった美しい通りの魅力と癒しの要素を研究した。ロサンゼルスに小売店が十分あることは分かっていたが、楽しい経験を提供できる場所ならば参入する余地があることも分かっていた。そこで、記憶に残る要素や高水準のカスタマーサービスを備え、素晴らしい運営がなされるショッピングセンターを作ることに注力した。また、水が躍る噴水や昔ながらの路面電車やコンシェルジェサービスや非の打ち所がないトイレなどにお金をかけた。

彼は、建設期間を通して批判し続けた競合他社にもまったく耳を貸さなかった。彼にはこのプロジェクトが可能だと分かっていたため、とてつもない成功しか見えていなかった。

心の力

リチャード・ザイマンは、弁護士として仕事を始めたことを思い出してほしい。カリフォルニア州にもロサンゼルスにも、不動産を得意とする弁護士はほかにもたくさんいた。そのなかの多くは同じ法科大学院（南カリフォルニア大学）出身で、みんな同じような人脈を持ち、法律はだれにとっても同じで、関連する技術もほとんど変わらなかった。それならば、なぜザイマンは不動産で同級生たちをはるかにしのぐ成功を収めたのだろうか。主な理由の一つは、彼が普通の期待を超えようとする気持ちを持っていたからだ。

ザイマンについて調べると、何年もかけて準備し、実行し、不動産で大成功を収めたあとも、彼は次に来るチャンスに備えていた。彼が変化し得るさまざまな変数を許容するのは、最終結果を追い求める以外の選択肢はないことが分かっているからだ。

ほかの不動産の巨人たちも、似たような心を持っている。達成し、成功し、学び続け、何百万人もの生活を変え、より多くを提供したいという強い思いだ。

彼らの多くがこのような心を小さいころに育み始め、いつか成功するという思いが心の奥底に埋め込まれていた。彼らにとって、将来の成功は呼吸と同じくらい普通のことであり、自分の成功をすでに起こったことのようにとらえている。

また、彼らは自分の感情をコントロールするすべを学んでいる。これは大きな交渉や契約締結において、特に役に立つ。彼らは、冷静さを保ち、プロジェクトに執着しないようにしている。また、自分が何者で、何を望んでいるかも分かっている。感情が判断力を曇らせると、重要なデータを見逃して取引が失敗することも分かっている。マイナス思考が本質的な力にならないことも理解している。マイナス思考と感情は、間違いを誘い、劣った判断につながるため、不動産の巨人たちは、それらに生産的に対処する方法を学んでいるのである。

思考のヒント

スタンフォード大学のフレッド・ラスキン博士によると、人は毎日、約六万回考えている（そのうちの九〇％は反復だが）。つまり、私たちは一分間に約四二回考えているのだ。私たちの思考の多くは不正確で否定的であり、ほとんどは明日や昨日のことを考えている。また、私たちは起こったことを反芻したり、起こるかもしれないことに思いを巡らせたりしている。そして、常に考えや意見や事実や選択肢を処理しているため、脳は莫大な情報に疲弊しているのかもしれない。

加えて、スタンフォード大学によると、平均的な大人が毎日下す判断は三万五〇〇〇回に上る。常に考えていると、思考が聴覚や視覚や感覚の最適な反応を邪魔しかねない。そして、私たちの頭はこれらの情報をコンピューターのように常に分析し、見直し、再生している。

図12－1　起業家の1日の心のボラティリティ

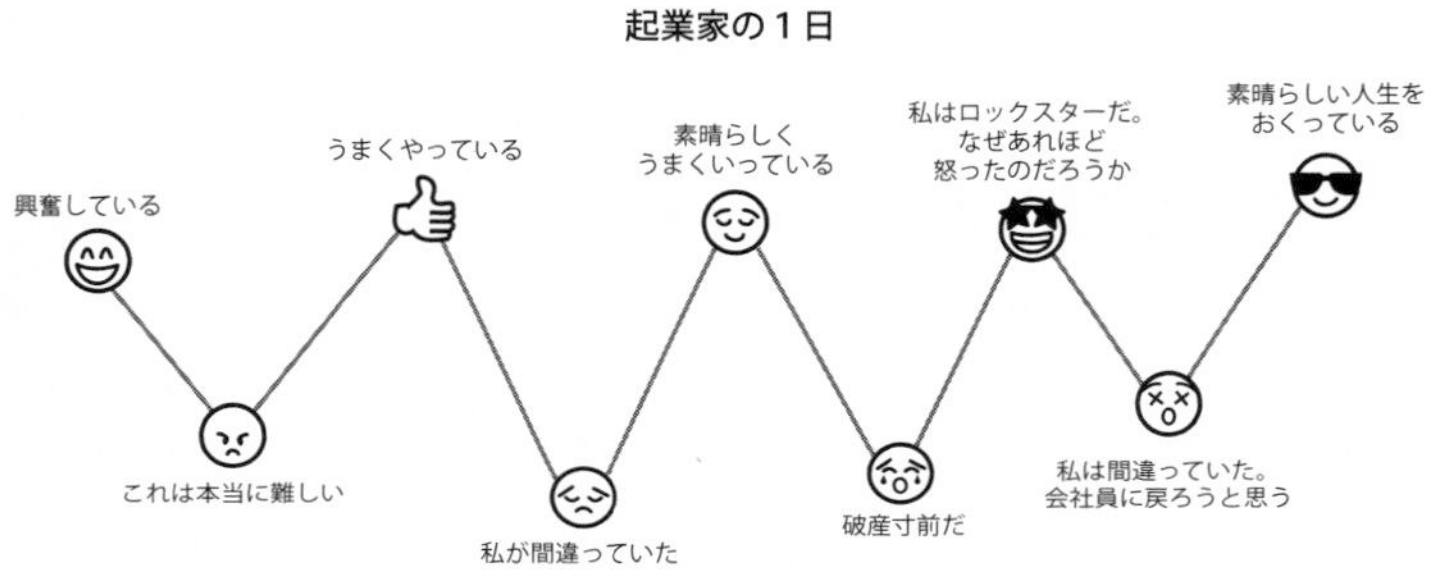

起業家の1日
興奮している
これは本当に難しい
うまくやっている
私が間違っていた
素晴らしく
うまくいっている
破産寸前だ
私はロックスターだ。
なぜあれほど
怒ったのだろうか
私は間違っていた。
会社員に戻ろうと思う
素晴らしい人生を
おくっている

神経科学における国際的な講演者のジョセフ・ディスペンツァ博士によると、脳は一秒に四〇〇〇億ビットの情報を処理しているが、私たちはそのなかの二〇〇〇しか認識していない。脳は言われたことをするが、成功の最大の障害の一つは目標を達成するために必要なものよりも「少なく」申告することだ。「私にはそんな能力はありません」「私はそこまで頭が良くありません」などと言っている人を見たことがあるはずだ。あなた自身はこのようなことを何回言ったことがあるだろうか。

私たちは、時に脳が自分をだましていると感じることがある。**図12－1**を見てほしい。不動産起業家の多くは、この図を見て同意してくれた。しかし、一日にこれほどのボラティリティがあるとはどういうことだろうか。それは脳の仕業なのだ。しかし、強い心を育てれば、強いビジネスと強い人生を育んでいくことができる。

私が知る巨人たちは、みんな考えすぎないで前に進めと教えている。そうすれば、どんな状況でも素早く査定し、賢くバランスのとれた判断を下すことができる。

脳を助ける習慣

途方もない才能を持っていたり、非常に賢くてスキルも高いのに、ビジネスで成功していない人はたくさんいる。なぜなのだろうか。才能や頭脳やスキルはトップに上り詰めるための公式のほんの一部にすぎないが、強い心は必須条件だからだ。ただ、この心はほとんどの人にとって、自然に身につくものではない。理由はたくさんある。そのため、不動産の巨人たちがトップを維持するために行っているいくつかのことを学ぶことが重要になる。

巨人たちの何人かが、瞑想していることを明かしてくれた。瞑想は心を静めてくれるため、自分の感情や考えや意図に気づくことができる。瞑想にはいくつかのタイプがあるが、どれもストレスや不安を下げ、自分自身をもう少し理解するための時間を与えてくれる。瞑想を学びたい人のためのアプリも初心者用から経験者用までたくさんある。

巨人たちの多くが健康を維持するために運動をしている。運動のメリットはみんな知っているが、これが脳の性質や傾向にどのような影響を及ぼすかを見ていこう。運動すると心拍数が上がり、肺機能を改善するため、毒素を吐き出してより多くの酸素を取り込むことができるようになる。そうすると、酸素を豊富に含んだ血液が脳に送られる。すると、脳の機能が改善し、記憶や思考能力を守ることができる（出所は「アメリカ国立生物工学情報センター」）。また、脳の記憶や学習にかかわる部分である海馬が大きくなることも証明されている（出所は「コンコルディア大学ＰＥＲＦＯＲＭセンターと心理学部」）。これは、高齢者の脳機能の改善にもつながる。運動は、ホルモンの分泌や脳細胞の分裂を促す刺激を与えることもできる。

また、巨人たちはデジタルデトックスを取り入れていた。クアルトリクスとアクセルの調査によると、ミレニアル世代は携帯電話を一日に一五〇回以上チェックしている。しかし、巨人たちが電話やｅメールを見る回数はそれよりもはるかに少なく、携帯電話やタブレットやパソコンをあえて何時間か遮断している。これは、集中したり、ストレスを下げたりする助けになっている。

巨人たちは、毎日の重要なルーティンとして、高級紙、本、雑誌、業界紙などを読む時間を取っている。オフラインで読むことも、リラックスしながら学習能力を刺激する方法になり得る。また、情報を受け取り、それを最適に処理すれば脳の機能が向上し、必要なときに簡単に情報を取り出しやすくなる。

彼らの多くが一日の初めに感謝と祈りを捧げている。起床すると鏡を見て、自分の生活がいかに祝福されたものであるかを再確認するのだ。彼らは自分や家族の快適さだけでなく、ほかの人たちにとっても世界をより良い場所にしたことに、豊かさを実感している。そして神に感謝している。巨人たちはみんな人類の利益のためになる財産を残すことを主な使命だと思っている。彼らの多くはその日の準備をしながら、声に出して前向きな承認を行っている。このような姿勢でいると、小さなことや自分を犠牲にすることに不満を持たなくなる。そして、感謝の意識を持つことで、素晴らしく楽観的な姿勢が身につく。

巨人たちはみんな自分を強く信じている。成功するためには、その前に自分が成功できると信じる必要がある。そうすれば、その考えがあなたの態度や行動に影響を及ぼすのである。

カギとなる教え

- 「不可能なんて、ありえない」という考え方を取り入れる。
- 次に、乗り越えられそうもない問題に直面したら、乗り越えるためには何が起こればよいのかを考える。何をしたら、それを起こすことができるのか。不動産の巨人ならばどうするのだろうか。このように考えてみることで、自分でも驚くようなことができるかもしれない。
- もしあなたが不動産の起業家として成功したいのならば、起業家として経験する浮き沈みに対処するための強い心が必要である。心が弱いと、恐怖に襲われたときに悪い判断をしてしまったり、情報が多すぎるとそれに圧倒されたりしてしまう。プロとして成長するために、巨人たちの習慣を取り入れてみよう。

練習問題

知り合いで、強い心を持っていると思う人を三人挙げてほしい。彼らを昼食かお茶に招き、どのようにして強い心を育てたのか質問してみよう。彼らの話を聞き、メモを取る。あなたが彼らの言葉を心から尊敬し、真剣に学ぼうとしていることが分かると、たいていは心を開いて彼ら自身の経験や学んだことを教えてくれる。彼らから学び、大事なポイントをリストにして頭に入れておこう。

メンターがあなたの人生に付加価値を与えてくれたことを認識し、感謝する。そして、その教えに応えるため、彼らの人生に付加価値を与える方法を考える。また、自分がメンターになったら、同じように価値を与えてほしい。

第13章

二つ目の教え――「だれよりもよく働く」

何年か前に、私は人生で最も畏敬の念を抱いたビジネスストーリーを聞いた。ジョー・シットは、彼の極めて高い労働意欲によって、最高入札者ではなかったにもかかわらず、マンハッタンの名高い物件を獲得したのだ。購入額は最高入札額よりも二〇〇万ドルも安かったが、所有者はシットに売ることにした。なぜそんなことができたのだろうか。彼が信頼できる買い手として高い評価を受けていたこととは別に、彼と彼のチームは売り手に七年間、毎日電話かeメールを送り続けたのだ。七年間も、だ。

重労働は、苦しい肉体労働だけだと誤解されることが多いが、精いっぱいの献身や鋭い集中力や資本市場の複雑な調査や有望な取引相手に繰り返し電話をして素晴らしいアイデアなどを提案することなど、さまざまなケースがある。

シットと彼のチームがしたような超人的な労働意欲をもって仕事をしている人がどれほどい

るだろうか。おそらくほんのわずかだろう。このことからも分かるように、不動産の巨人たちはとてつもなくよく働く。

私は、シットにこれほどがむしゃらに働く理由を聞いた。これほど長い期間、あきらめることなく物件を追い求める動機は何なのだろうか。彼は、まだ若かった一九八〇年代にアジア系のメーカーの不動産部門で短期のインターンをしたとき、上海やジャカルタやイスタンブールやマニラなどで仕事をする機会を得た話をしてくれた。そのとき世界の異なる文化に共通していたのが、驚くべき労働意欲だった。当時、アメリカとアジアの経済格差は今日よりもはるかに大きく、そのことがシットの心に消えることのない記憶として残った。恵まれない生活を送っている彼らがこれほど強い労働意欲を持っているならば、自分もそうすべきだと思ったのだ。そして、ニューヨーク市で育った幸運に改めて感謝し、自分のために何かを実現させるときは常に超人的な努力をすると誓ったのである。

ロバート・フェイスは、スエットエクイティパートナーとなることから始めた。彼は、不動産ビジネスに参入する人は、自分一人ではけっして買えないような素晴らしい取引を探し、投資家を呼び込む努力をすべきだと助言する。あなたが当事者やコミュニティーに付加価値を与える取引を計画し、資金はほかの人が出せばよいのだ。

巨人たちは、週のかなりの部分を自分の仕事に没頭している。彼らの多くが毎週六～七日間働き、休暇中でも物件を見て、学んで、戦略を立てている。彼らが同業者たちよりもよく働い

図13－1　不動産の巨人たちは激務を恐れていない

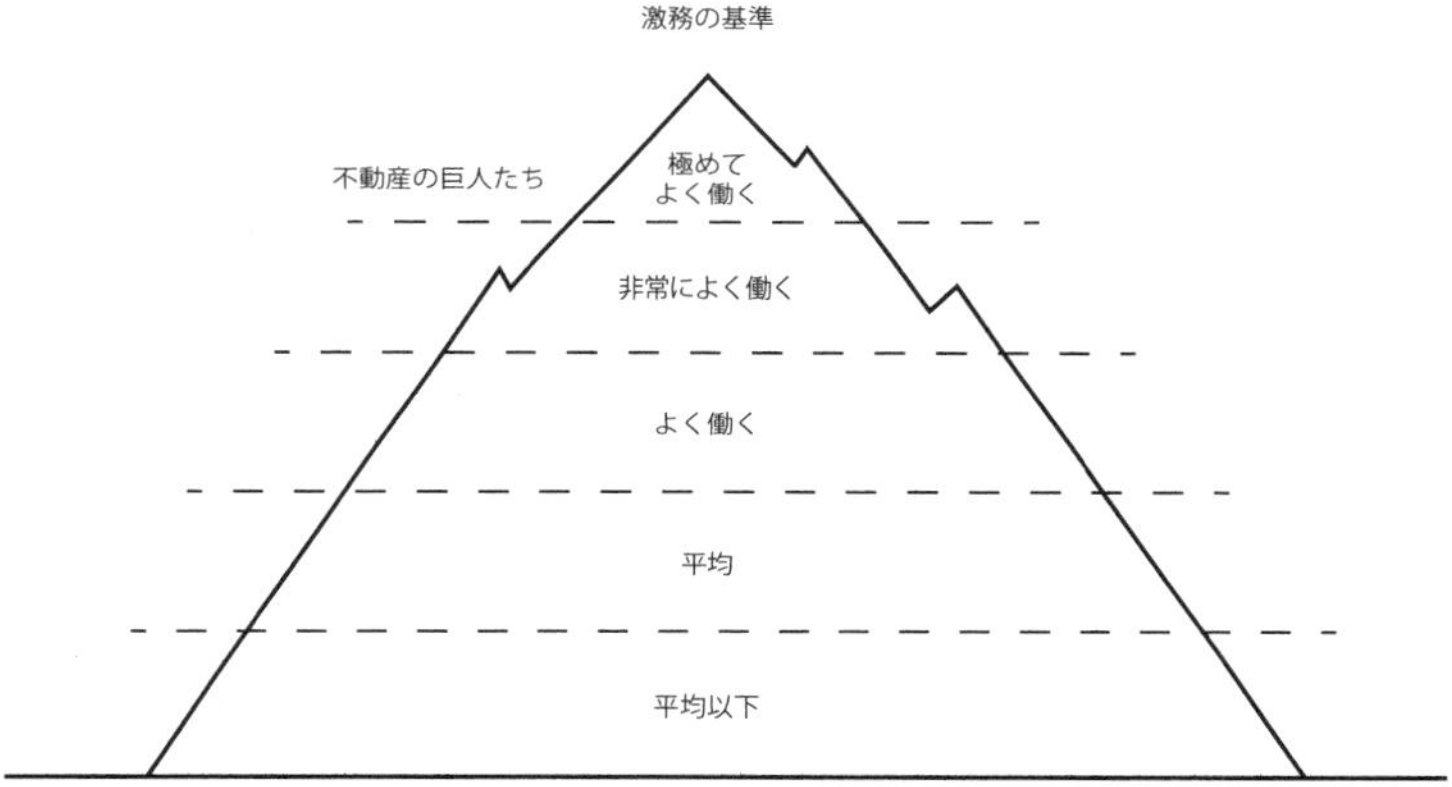

ているのは、自らの成功を超えるという目的を持っているからだ。

彼らは強い労働意欲を持っており、それが尽きることはない。仕事上の重要な瞬間（例えば、新しい不動産ファンドを立ち上げる、会社を上場する、競争力の高い物件のポートフォリオを契約するほか）が訪れたとき、彼らはその目的をうまく達成する方法を見つける。成功までには何十も（ときには何百も）の深刻な問題が持ち上がる。しかし、彼らはさらにギアを入れて、必要なだけ時間をかけて対処していく。

エリー・ホーンは、仕事を始めたばかりのころは徹夜で取引をまとめることもよくあった。もし相手が朝の四時に契約したいと言えば、その四時に行って契約をまとめたのだ。

不動産の巨人たちを知らない人のなかには、彼らは単にラッキーだったと言う人もいるが、それは違う。彼らが成功し続けているのは、何千時間もかけてスキルを磨き、偉大な瞬間に備えていたからだ。これはトップアスリートとよく似ている。彼らは自分に対してほかのだれよりも多くを求め、常にトップを目指し、それを超えていくための努力を続けている。また、彼らの多くが今も若いころと同じか、それ以上に働いている。厳しい状況になって、思ったようにいかないときは（頻繁にあること）、いつもよりも早起きしてさらに働き、間違いなく任務を成功させているのである。

どのような状況でも、どのような時期でも、巨人たちは目の前の課題に集中している。みんなが働いていないときにも働こうという意欲が、何億ドル、何十億ドルというビジネスを成功させる人たちの共通した特徴の一つと言える。

逆説的だが、彼らは必要にかられて働いているのではない。本書に登場する巨人たちは、だれ一人としてお金のために働く必要はない。みんな十分、経済的余裕がある人たちなのだ。彼らがあえて働いているのは、この仕事を愛し、それぞれ「何のために働くのか」が分かっているからなのである。

彼らには目的がある

何が、巨人たちの突出した労働意欲の核となっているのだろうか。それは、自分がなぜ成功したいのかが分かっていることだ。ジーナ・ディエス・バローソの強い心は、「なぜ」が彼女自身よりも大きいことからきている。彼女がデベロッパーと教育者と女性たちを力づける活動家とフルタイムの母親としての時間を使い分けて長時間働いているのは、世界に前向きの影響を与えるという目的があるからなのだ。彼女は、現状（これまでずっとやってきた方法）を、それよりもはるかにうまくできるように変えるための努力を続けている。

これは、すべてのプロジェクトを最後まで見届ける素晴らしい動機になる。そして、どのような職業や分野においても、これは成功の秘訣と言える。成功は、人生の「なぜ」を見つけた人ならば手が届くところにある。「なぜ」があなたをもう少し先まで行かせ、もう少しの努力を促し、目的を達成するためにすべきことに専心する動機になる。

多くの人にとって、「なぜ」は家族により良い暮らしをさせるためとか、友人や近所の人たちとチャンスを共有するためである。巨人たちもそれは同じで、家族を養っていくことに大きな幸せと満足を感じている。彼らは、みんなが思っているような派手な生活をしているわけではない。お城に住みたいとか、高級スポーツカーに乗りたいと思っている巨人たちはだれ一人いない。彼らの多くは、ひらめきを与え、個人的な夢をかなえ、魅力的な時間を生み出すため、多くの時間を割いて愛する人たちとの時間を楽しんでいる。

不動産の巨人たちは、一部の有名人のように家族との時間をフェイスブックに載せたり、インスタグラムで自慢したりはしない。彼らが贅沢や無駄遣いを見せびらかすのを目にすることはおそらくないだろう。彼らは、慎重さと安全性に基づいて計算された判断を下していく。価値とコストはあまり関係がないということを学んでいるからだ。

彼らは、生きることの秘訣は与えることだと分かっているのだ。そのため、活発に慈善活動を行い、自分の不動産会社やそれ以外の事業を超える大きな影響を世界に与えている。だからこそ、彼らはみんなが立ち止まって休んでいるときも目的に向かって進んでいく。巨人たちは、人生よりも大きな任務を追求しているのだ。

例えば、ビル・ゲイツとウォーレン・バフェットが始めたギビング・プレッジに署名したエリー・ホーンは、「人として、あの世には何も持っていけない。持って行けるのは、この世で達成した良い行いだけだ」と言っている。私たちはこの世で一人一人が自分の能力で獲得した成果を与えることができるかどうか試されている。私自身もギビング・プレッジに喜んで誓約した。最善を尽くしてこの世界における私の任務を果たすうえで意味のあることができたことをうれしく思っている。

ロナルド・タウィリガーは、手の届く住宅を提供することをはじめとするいくつもの目標達成に貢献している。彼は、ハビタット・フォー・ヒューマニティ（家を建てることで人々の希望を築く国際支援団体）に一億ドルを遺贈し、アーバンランド・インスティチュートには、労働者の住宅取得を援助するためのＵＬＩタウィリガー・センター・フォア・ワークフォース・ハウジング設立資金として五〇〇万ドルを寄付すると発表している。また、毎年二〇〇〇世帯分の手ごろな住宅を建設するために、エンタープライズ・コミュニティー・パートナースに五〇〇万ドルを投じている。しかし、これですべてではない。「無から始めて、幸運にも住宅業界で富を築くことができたら、それをほかの人たちに返す責任がある」とタウィリガーは言う。

チャイム・カッツマンも、素晴らしい慈善家だ。例えば、彼が行っている数多くの寄付の一つが、北イスラエルの新しいがんセンター建設のために投じた二五〇〇万ドルである。これは、彼の妻で、尊敬された小児科医で、二〇一三年に病気で亡くなった故シュラミト・カッツマン医師の名前を冠したベイト・シュラミト研究所である。博士はがん撲滅運動にも取り組んでいた。

本書で紹介した不動産の巨人は、みんなさまざまな慈善団体や「なぜ」を実現できる組織にかかわっている。これがあるから、彼らは毎日、まだみんなが寝ている早朝にベッドから飛びだしていく。あなたは、どんな理由で朝起きているのだろうか。

あなたの「なぜ」の探し方について書かれている素晴らしい本や資料はたくさんあるが、**図13－2**のなかの「生きがい」を示す上の円が自分の情熱を探し、それに向かっていく良いきっかけになると思う。生きがいとは、自分にとっての満足や幸せを探し、それを日々のルーティンに組み込むことである（フランチェスク・ミラレスの言葉から引用）。

ここで、四つの重要な質問に答えてみてほしい。

図13−2　生きがいが人生の目的を見つける助けになる

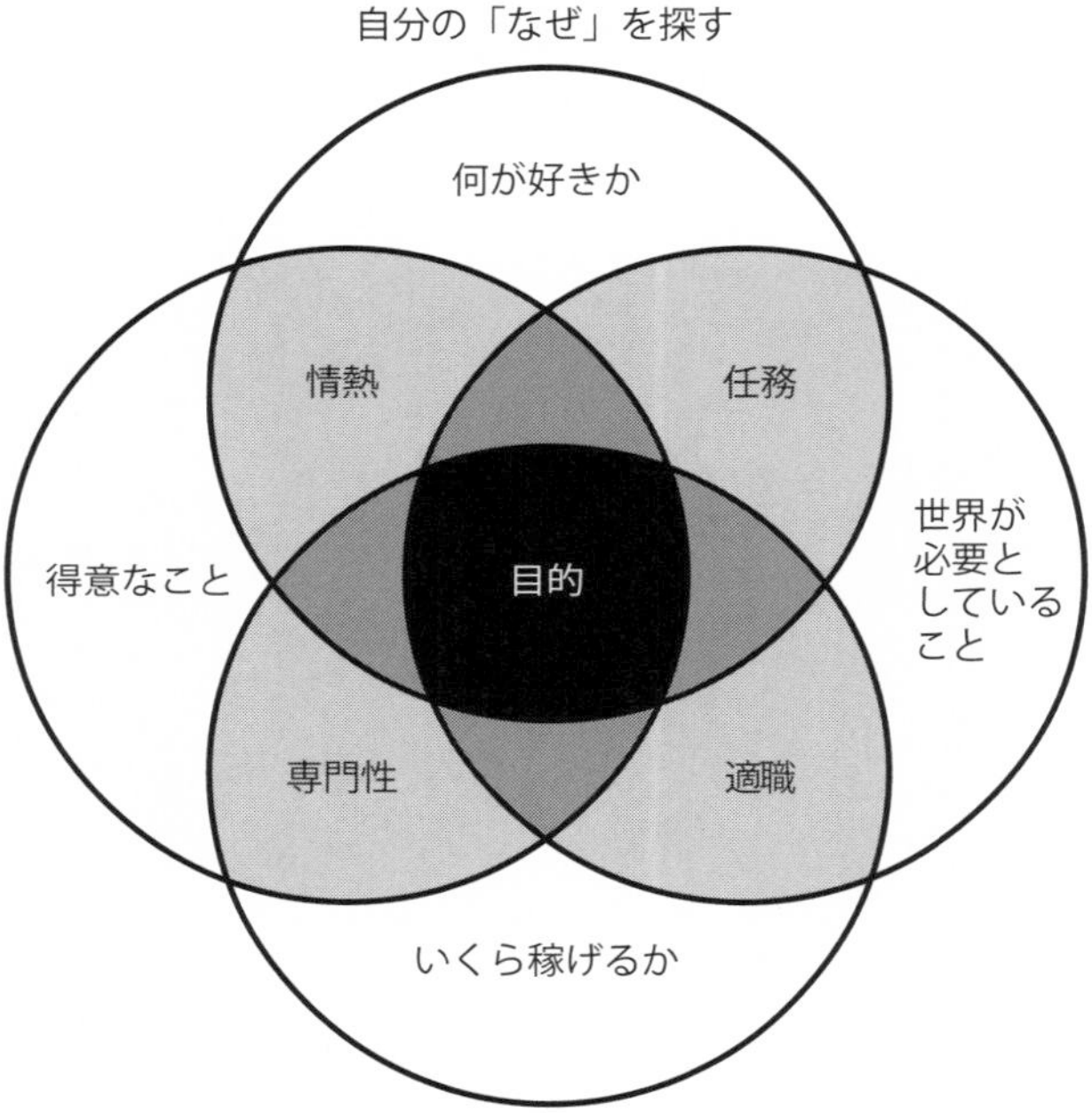

①自分は何が好きか。それはあなたにとって情熱か、それとも任務か。
②自分は何が得意か。タダでもやってよいと思うか（つまり情熱か）、それとも職業としてか（専門性や適性がある）。
③それでいくら稼げるか。それは専門性または適正がある職業としてか、それとも趣味や創造的活動としてか。
④最後に、それは世界に必要とされていることか。それは、あなたが創造的に表現していることなのか、それとも、回り回って自分がす

るよう求められているように感じることなのか（つまり任務）。

これらの質問の答えは、必ずしも一つではない。正直に答えてみてほしい。そして、追加の条件を使って、あなたの答えが図の中心に近いか離れているか、答えが一方向に偏っているかどうかなどを確認してほしい。

これで、あなたの散布図が出来上がる。私はこの図をプリントアウトして、自分の答えに画鋲で印を付けている。そうすることで、データを明確にして次のキーワードを関連付けやすくなるからだ。

関心があることをできるだけたくさんリストアップしたら、追加の条件で絞り込んでいってほしい。その答えによって、画鋲を中心に近づけたり、遠ざけたりしてみよう。

●難しいことでなければならない。個人的な生きがいが熟練と成長につながる。
●自分で選んだことでなければならない。これを追求するときは、自由かつ自主的に行う。
●時間と信念をつぎ込む必要がある。
●それをすれば、健康になり、満足し、素晴らしい関係を築くことができるため、幸福度が増すようなことでなければならない。

情熱

巨人たちは、それぞれの「なぜ」が仕事への情熱につながっている。彼らは仕事を労働ではなく、楽しみととらえている。リチャード・マックは、不動産の世界における成功を、毎日楽しみながらすることと定義しつつ、質の高い取引を成立させるために必要なきつい仕事をこなしている。彼は、賢明に働くことを「楽しいこと」と呼んでいる。

巨人たちは、ほかの土地に行くと、わくわくしながらほかのプロジェクトを見たり、ほかの不動産やビジネスの専門家から学んだり、世界の革新的なことを調べたりしている。彼らの尽きることない好奇心は彼らを常に新しいことへの探求と学びに駆り立てている。

巨人たちの平均起床時間は朝六時で、何人かは五時前に起きている。また、数人は仕事を始めて以来、平日はたいてい一日一六～一八時間働いていると言っていた。そして、みんなが働いていないときも働いたことが、成功した理由の一つだとしていた人も何人かいた。

ただ、彼らは働いてばかりいるわけではない。彼らは賢く効率的に働いているのだ。だれでも一日は二四時間で、そのなかですべきことをしなければならない。巨人たちは、一日、一時間を目いっぱい有効活用している。彼らは、何時間かけたかではなく、その時間をどのように過ごしたかが大事だと理解している。大事なのは、目的を達成し、結果を出すことだ。ちなみに、このような情熱は、生まれつきのものではなく、後天的に持つことができるようになる。

長い期間、運動を続けていれば筋肉をつけることができるのと同じだ。ライバルよりも早く起きて仕事を始める習慣をつければ、持久力と耐久力をつけることができる。

コービー・ブライアントがジェイ・ウィリアムスに努力について教えたこと

元ＮＢＡ（全米プロバスケットボール協会）の選手で、ＮＣＡＡ（全米大学体育協会）のスター選手でもあったジェイ・ウィリアムスが、次のようなエピソードを披露している。彼のチームとロサンゼルス・レイカーズとの公式戦がロサンゼルスで行われたときのことだ。これはウィリアムスにとって大事な試合だった。彼は、試合に向けて精神と肉体を整えるため、いつも試合会場に数時間前に到着し、約四〇〇回シュートして体を温め、心の準備をすることにしている。

試合は午後七時からだったが、彼は午後三時に試合が行われるステイプルズセンターに到着した。試合会場に入ると、そこではレイカーズのシューティングガードのコービー・ブライアントがすでにウォームアップを始めていた。ウィリアムスもシュート練習を行い、終わりにしたとき、ブライアントはまだ練習を続けていた。彼は、リラックスしてシュートするのではなく、ゲームと同じ動きをしていた。ウィリアムスは靴紐を緩めながら、ブライアントがいつまで練習を続けるのか見ていた。二五分後、ウィリアムスはいったん戻ることにしたが、ブライアントはまだコートで練習をしていた。

その夜の試合では、ブライアントがウィリアムスとそのチームを打ち負かした。試合後に、ウィリアムスはどうしてもブライアントに、あれほど長い時間、あのような練習をする理由を聞かずにはいられなくなった。ブライアントは、「君がコートに入ってくるのが見えたので、君がどれほど練習しても、私のほうがもっとやっているということを知らせたかったからだ」と答えた。

これはスポーツの例だが、不動産にも完璧に当てはまる。偉大な人たちはライバルを見ている。ライバルたちがどれだけの努力をし、どれだけ難問を解決してきたかを見ているのだ。そして、自分もより多くの努力をし、よりたくさんの難問を解決する。これが、巨人たちの労働に対する姿勢なのである。

飛躍的な結果

私は、幸運にも不動産業界のたくさんのリーダーたちと知り合う機会を得た。彼らはみんな超富裕層である。彼らは仕事を始めて以来、たくさんの目的を達成するために突き進んできたが、なかにはさまざまな理由から、ある時点で頑張るのをやめてゆったり過ごすことにした人もいる。この階級の人たちの多くがそうであるように、追求心を失ったからだ。

しかし、本書の不動産の巨人たちは、今日でも仕事を始めたときと同じ探求心を持っている。成功によって、探求心がさらに強くなった人もいる。探求心を失うことなく毎日、毎月、毎年、何十年も目的を追い求めていれば、偉大さも達成する結果も複利的に拡大し、最終結果は徐々にではなく、飛躍的に大きくなる。この原則については、四つ目の教えで詳しく説明する。

カギとなる教え

●偉大さは人から与えられるものではなく、たくさん努力して得るもの。どの分野でも、一流の人たちは仕事に何千時間もつぎ込んでいる。
●欲しいものを得るための努力をやめない。失敗や拒絶されることは成功への道のりの最初のステップとして普通のこと。世界の一流プレーヤーは、失敗しても立ち上がって、さらに努力を続ける。
●不動産業界は厳しいが、自分の「なぜ」を見つけることができて、絶対にあきらめないことを学べば、とてつもない成功を収めることができる。

練習問題

生きがいの図を使って、自分の「存在理由」を考えてみてほしい。それが分かったら、ライバルよりもたくさん働くと決意する。イギリスの数学者のケルビン卿は「計測できなければ、改善できない」と言っている。これは、自分の実績を測ることができれば改善することができるということだ。そこで、あなたの市場のトッププレーヤーのＫＰＩ（重要業績評価指標）を調べてみよう。これは、売り上げごとの平均手数料、一カ月に宣伝した物件数、資金調達の数、現在のポートフォリオのＹＯＣ（イールド・オン・コスト）、転売した住宅の数など、ほかにもある。適当なＫＰＩをできるだけ多く書き出し、スプレッドシートを作る。そして、自分の業績とあなたの市場のリーダーの業績を比較していってほしい。

自分の実績を継続的にあなたの市場のリーダーと比較していくと、あなたの実績が少しずつ改善していくことに気づくと思う。もっと働こうという気概が芽生えるからだ。そうすれば、朝五時に起床し、ひらめきが生まれ、自分の市場でナンバーワンになろうと決意するだろう。

第14章

三つ目の教え——「重点的かつ明瞭に」

一九七九年に、ハーバード・ビジネススクールの学生たちに「将来の明確な目標を書き出して、それを達成するための計画を立てているか」と質問した調査がある。すると、目標を書き出して計画を立てていた学生はわずか三%で、目標はあっても書き出していない学生が一三%、何と具体的な目標すら持っていなかった学生は八四%だった。

それから一〇年後、この学年の人たちに再びインタビューをしてみると、ある程度予想どおりではあるが、それでも驚くべき結果になった。目標を持っていた一三%の学生の平均収入は、目標を持っていなかった八四%の学生の収入の二倍に上っていたのだ。それでは、明確な目標を書き出していた三%はどうなっていただろうか。彼らの平均収入は、残りの九七%の学生の約一〇倍に達していたのである。

もちろん、巨人たちは非常に明確な目的や目標を持っている。彼らはそれを念頭に置き、紙に書き出し、常にそのことを考えたり夢見たりし、側近たちもそのことを知っている。目的を設定すると、彼らの人生に長期的な展望が生まれる。巨人たちは、短期的な難問を超えて前進させてくれる強力な長期目標を必要としている。また、彼らは目的を持つことによって、能力を押し広げ、成長し、より良い存在になれることも分かっている。

目的を設定するということは、将来を運に任せるのではなく、自分自身でデザインするということであり、あなたの最高の可能性を引き出す助けになってくれるということだ。

目的を設定するときの助言

目的を設定するための大事なポイントをいくつか挙げておく。目的は、必ず書き出す。どういうわけか、書くと行動につながるようだ。ある物理学者が以前に、これは物理学の基本原則の一つである「すべての作用に対して、等しい反作用が常に存在する」と関連していると教えてくれた。彼の説明によると、物理的に書くという行動が、静かな池に小石を投げ入れたときのように、世界を振動させるのだという。あなたが注いだエネルギーは増幅されて、あなたに戻ってくるのだ。これは、経験していない人には疑似科学のように聞こえるかもしれないが、ブラックホール理論だって、最初に提唱されたときは完全否定されたのである。

ほかにも、書き出した目的ごとにＳＭＡＲＴというテクニックを応用するのも有効だ。目的は、できるかぎり詳細かつ具体的（Specific）に設定し、計測（Measurable）できるもので、実際に達成可能（Attainable）なものであることも重要だ。また、自分がしていることに関連（Relevant）することで、必ず期限を設けておく（Time-bound）。そして、目的は設定すると多少窮屈な感じがするようにしておく必要があるが、その一方で、自分の本質的価値や信念と一致するものでなければならない。

例えば、巨人の一人は、仕事を始めて最初に決めた目的を教えてくれた。「私は、次の三カ月（X日まで）で、X人から資金を調達して住居物件を買い、買収直後からXドルのキャッシュフロー（投下資金の一〇％）を生み出そうと計画した」。これは具体的（S）で計測でき（M）、達成可能（A）であり、期限（T）も付いた優れた目的と言える。

実は、インタビュー以外の雑談で、複数の巨人が不動産で成功するためには目的設定が非常に重要だと言っていた。目的があると、自分と、自分の最高の可能性を信じることができるからだ。ナポレオン・ヒルも言っているように、「明確な目的を定めれば、世界はすぐに道を開けて通してくれる」。

また、巨人たちは責任を持って自分を管理してくれる人を持つべきだとも言っていた。だれかがチェックしてくれなければ、目的の効果が薄れるからだ。信頼できる親しい友人や同僚などで、責任をもって目的までの進展を繰り返しチェックしてくれる人を探してほしい。

目的の効果に関する個人的な例

私が一〇歳のとき、家族でニューヨークに旅行に行った。当時はまだ背が低かったせいか、ビルが空まで届きそうに見えた。私が五番街と五七丁目の角にある五八階建てのトランプタワーのアトリウムに入ったとき、このような素晴らしいビルに名前を冠するほどの人物といつか会ってみたいと思い、それが私の目的と夢になった。それからわずか一六年後、私はまさにその人とその三人の子供（イバンカとドン・ジュニアとエリック）の下で働くことになった。彼らは私に公正かつ敬意を持って接してくれた。私はトランプ一家と働き、たくさんの価値ある教えを得た。そのなかから、主な三つを紹介しておく。

一．才能は非常に大事

トランプ・オーガニゼーションでは、ドナルド・トランプと彼の子供たちが最高の才能を持った人材を探して、とてつもない結果を上げることに徹していた（このことについては、五つ目の教えで述べる）。私が働いていた当時、この会社では素晴らしい才能と勤勉さを兼ね備えた人たちを、不動産事業のあらゆる分野に配置していた。

二．不動産ではマーケティングが欠かせない

近代経営学の父と呼ばれているピーター・ドラッカーが、かつて「ビジネスの目的は顧客を作り出すことであり、企業の機能はマーケティングとイノベーションの二つしかない」と言っている。私の知っている不動産デベロッパーの多くがこの前提を無視しているが、トランプはこれを全面的に実行していた。ドナルド・トランプが不動産の世界における傑出したマーケティングの天才であることは間違いない。彼は仕事を始めたばかりのころから、マーケティングやブランド戦略の重要性を理解しており、私もその重要性をこの会社ではっきりと認識した。トランプ家の人たちは、自分の会社にとって理想的な顧客がだれかを理解し、その顧客にどのようなマーケティングをすればよいのかが分かっていた。顧客には、自分が住むために高級アパートを買おうとしている人もいれば、大金を支払って新興市場でトランプブランドを使って大プロジェクトを行おうとしている人もいた。

三．大きく考える

ドナルド・トランプは、二〇〇〇万ドルの開発でも二億ドルの開発でも時間と労力はあまり変わらないことも理解していた。つまり、彼は大きい取引のほうを選ぶ。このような思考が勝ち目がないなかで、彼をアメリカ大統領にまで押し上げたと言える。また、彼はこの思考によって、不動産を超えてさまざまな事業を展開し、圧倒的な成功を収めてきた。彼は自分の子供

たちに「非現実的な目的などない、あるのは非現実的な期限だけだ」と教え、このモットーは私が彼らと仕事をした間ずっと浸透していた。

明瞭さ

具体的な目的を持つことのほかに、不動産の巨人たちは驚くほど明瞭な考えを持っている。彼らは、特定の分野（例えば、ショッピングセンター）や特定の地域（例えば、ニューヨーク市）や投資タイプ（例えば、メザニン融資）で専門性を身につけた。真の専門性には、深い知識が必要だからだ。

不動産の仕事を始めてすぐに、いくつもの分野の専門性を身につけようとするのは不可能ではないが、勧められない。ロナルド・タウィリガーやロバート・フェイスのキャリアを見ると、彼らは複数世帯用の住宅分野で、卓越した専門性を身につけることを選んだことが分かる。同様に、アース・レダーマンはスイスのチューリッヒで住宅分野、ロヒット・ラビは南インドのホテル分野、チャイム・カッツマンはショッピングセンターの買収と開発を専門としている。ジョセフ・シットは目抜き通りに関して世界的な権威となっているし、リチャード・ザイマンはカリフォルニアのオフィスビルや産業ビルの名手と言われるなど、例はいくらでもある。

このようなやり方は巨人たちだけでなく、大手開発グループやＲＥＩＴ（不動産投資信託）

などの投資商品にも言える。規模もパフォーマンスも最大のREITの多くは特定のセクターに特化している。例えば、世界最大級のREITの一つであるサイモン・プロパティ・グループは小売店に特化している。サイモンは、この分野のさまざまなニッチ（例えば、屋外ショッピングセンター、巨大ショッピングセンター、近隣型のショッピングセンター、アウトレットモールなど）を展開している。アナリストは、以前からサイモンのこのセクターの専門性を評価している。さまざまなニッチやセクターや地域の専門家になるための複雑さをよく理解しているからだ。

特定の分野の専門性を身につける

巨人たちの多くが勧めているように、不動産の仕事を始めるときは特定のセクターや地域に集中特化して戦略を立てるべきである。

不動産はたくさんのセクターやニッチを擁する壮大な世界である。私たちは不動産を一つの業種として扱っているが、実はそれでは収まらない。不動産は実際には経済の広範囲に及んでおり、建設、仲介、プライベートエクイティ、設計をはじめとする数多くの異なる独立した業種を内包している。ビジネス街の中心部にあるオフィスビルの再開発と、世界水準のホテルリゾートの開発と不動産会社を上場させることはファンダメンタルズがまったく違う。チャイム・

カッツマンがインタビューのなかで、不動産デベロッパーとして名を成したあとで建設業に参入し、失敗した話をしていた。理由は、経済的な論理がまったく異なっていたからだ。

そこで、まずは経験と専門性をできるだけ速く身につけることができる不動産の分野を、自分の地域で見つけることを目的とすべきである。雑音に惑わされたり、さまざまな情報に圧倒されないようにしてほしい。答えが分からないときは、選んだ分野の経験豊富な人に質問すればよい。まずは、その人を食事に誘って、疑問に思っていることを聞いてみよう。そうしているうちに、あなたの指針やメンターとなってくれる人が見つかるはずだ。不動産にかかわる人たちは、どの分野の人でも、自分が学んだことを喜んで教えてくれる。彼らの多くは一つか二つの分野で専門性を磨いている。

そのうちに、あなたの才能に合うニッチが見つかると思う。それがあなたのスキルや展望や労働意欲を応用して、自分が選んだ業界をより良くするチャンスとなる。自分に合う分野を見つける助けとなる質問をいくつか挙げておく。あなたの本質的価値は何なのか。どんな人たちと一緒に働きたいのか。あなたのエンドユーザーはどのような人になると想定しているのか。あなたが差別化を図れる点は何なのか。みんなはあなたのことをどう見ているのか。どのような資産クラスを扱いたいのか。どの地域に集中特化したいのか。

例えば、あなたは不動産屋で、ニューヨーク市の二ＬＤＫのアパートを売ろうとしているとする。実は、あなたはこれ以外にも、ニューアーク、ニューへイブン、オルバニー（合わせて三州の四都市）で営業している。しかし、この場合は、おそらく過去四カ月で二三戸販売したニューヨーク市とマンハッタンのコンドミニアムに特化したほうが四つの地域で営業するよりもうまくいくだろう。理由の一つは、四つの市場を行き来したり、各地域でネットワークを構築して維持したり、現地の規制（たいてい市場ごとに異なる）や、幅広い需給のファンダメンタルズや、買い手や借り手の好みや優先事項（場所によって違う）を確認したりするコストがかかるからだ。それに、ニューヨーク市は規模を拡大して、大きな会社に育てることが十分できる大市場でもある（世界で最も競争が激しい市場とも言われている）。

次の例を見てみよう。私は仕事を始めて以来、買収や開発やいくつかのショッピングセンターの販売にかかわってきた。そして、さまざまな物件を見てきた。素晴らしいものもあれば、残念ながらあまりよく考えられていないものもあった。具体的に言えば、産業倉庫や住宅や商業オフィスタワーなどに特化したデベロッパーたちが店舗事業に参入して破綻したケースを知っている。得意分野に集中特化することを忘れたからだ。私が商業物件に特化した業者として世界でもトップクラスの会社だと思っているストラテジック・プラニング・コンセプト・インターナショナルは、**図14－1**のようなグラフを使って、「あらゆる物をあらゆる人へ」を目指して、「商業物件のブラックホール」に陥ってしまわないようにする方法を顧客に説明している。

言い換えれば、彼らのところには、大型スーパー（例えばウォルマート）、銀行、薬局、ファストファッション店（例えばH&MやZara）、娯楽施設（映画館やゲームセンターなど）、

図14－1　すべてに手を出さずに専門分野を１つ選ぶことで、店舗のブラックホールに陥るのを避けることができる

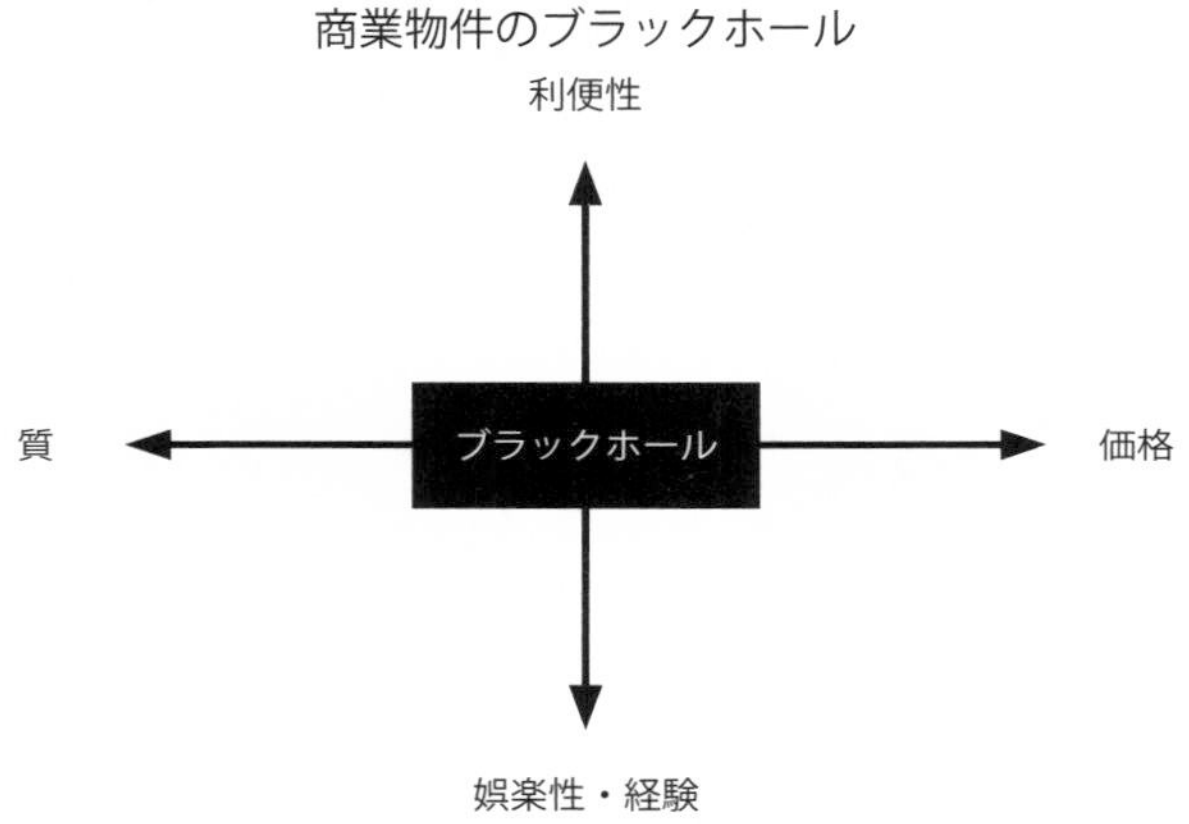

出所＝ストラテジック・プラニング・コンセプト・インターナショナル

高級ブランド（例えば、フェラガモやティファニー）などが同じ建物に入ったショッピングセンターを建てたい顧客がやってくる。しかし、これは理にかなったやり方なのだろうか。

　そんなショッピングセンターはバカげていると思うかもしれないが、世界にはデベロッパーが感情に任せて多くの人にたくさんのものを提供しようとして失敗した何千ものショッピングセンターがある。そうならないためには、集中特化して自分が最も得意とすることを決める必要がある。それは高級で娯楽性が高いところなのか、安値を誇るアウトレットセンターなのかを選ばなければならないということだ。

　専門性を身につけるということは将来、

表14－1　不動産への投資方法

	エクイティ	デット
非公開	●直接投資 ●不動産ファンド ●不動産のファンド・オブ・ファンズ ●不動産ファンド ●不動産投資クラブ	●直接の融資 ●不動産のデット証券 ●非公開の不動産負債ファンド
公開	●不動産会社の株式 ●REIT ●上場不動産ファンド	●不動産会社の債券 ●モーゲージREIT ●モーゲージ証券 ●政府関連企業体保証モーゲージ担保証券 ●商業不動産担保証券（CMBS） ●住宅ローン担保証券（RMBS）

出所＝クレディスイス

訪れるさまざまなチャンスや取引にノーということでもある。これは、成長の過程で一部の人の意に沿うことができない場合もあることを意味している。もし不動産の分野で重要なプレーヤーになりたければ、規律を守って長期的な見方を取り入れ、目的から目を離してはならない。専門性を持っていれば、実質的・持続的なリターンを長期的に上げていく能力は大いに高くなる。

不動産投資における明瞭さ

不動産投資家になりたい人のために、**表14－1**に現在の選択肢を挙げておく。テクノロジーが進化し続けるなかで、新しいチャンスが出てくるが、不動産は流動性がない資産クラスだということを忘れないでほしい。そのため、いずれ必ず売却できる物件や媒体に投資するということが重要になる。状況が常に変わっていく不動産の分野では、出口戦略がないまま取引をするのはまったく賢明ではない。不動産は状況が変わっていくからだ。そこで、どのようなときも状況を認識し、自分の選択肢を知っておかなければならない。

どのような投資を望んでいるかだけでなく、自分がどのような投資家になりたいかを明確に持っておくことも重要だ。投資家のなかには多くのリスクをとって、新しいことに挑戦したい人もいる。彼らはもともと楽観的で、賃料は毎年インフレ率以上に上昇するから、投資額の七五％を長期で借り入れても大丈夫だろうと思う。彼らは定期的な調整期があったとしても、必ず上がっていくと信じているのだ。

あるいは、その正反対の人たちもいる。彼らはリスクを回避して保守的な手法で不動産に投資する。また、借り入れは最小限（あるいはゼロ）に抑えて、みんなが売っているときに、代替費用よりも安く買おうとする。これは、バリューアッド投資（インカムゲインに加えて、割安物件に付加価値を付けて積極的に収益性を高め、不動産価値を増加させることによって、キャピタルゲインも狙う投資戦略）と似ている。この戦略では、買い手は市場の不均衡と歪みに注目する。要するに、正しい価格で買って負債も抑えることができれば（例えば、五〇％）、市場がどれほど落ち込んでもボラティリティが高くなっても、利益を上げることができるということだ。

投資戦略にはさまざまなアプローチの仕方があるが、自分に最も合う方法はあなたしか決めることができないということを理解しておく必要がある。

時間の管理と計画

不動産ビジネスで成功している人はだれでも限られた時間のなかで、多くをＩＰＡ（収益活動）に割り当てることを学んでいる。これは、楽しむ時間がないということではないが、彼らは普通の人が習慣的にやっていることの多くをあえてしていない。巨人たちは特にこの傾向が強い。

例えば、もしあなたが不動産投資家やデベロッパーならば、物件やその周辺やその地域を歩き回ることは重要な仕事である。しかし、巨人たちはそのような誘いの多くを断って、買ったり投資したりする対象として真剣に検討しているものだけを見に行く。彼らの時間は限られているからだ。

実際、私は本書を執筆するために約五〇人の不動産の巨人たちにインタビューを申し込んだが、その多くの巨人たちからは協力したいが、時間がないという返事が返ってきた。また、スケジュールがいっぱいで、数カ月先しか時間が取れないという人もいた。なかには、ぜひ協力したいが一二カ月先しか対応できないという人もいた。一二カ月だ。バカバカしく聞こえるかもしれないが、巨人たちは自分の時間を信じられないほど大事にしている。お金は増えたり減ったりするが、時間を取り戻すことはできない。巨人たちは、いつも時間が足りないため、不要なことには「ノー」と言うことができる人たちでもある。

どうしたら、不動産の巨人たちのような計画性を身につけることができるのだろうか。それには集中し、規律を守ることである。その週や月のカレンダーに何をどのようにするかを書き出していく。そして、一日の終わりに自分が学んだことや改善できることを考えてみてほしい。ヒントになりそうなことをいくつか挙げておく。

①目標に優先順位を付ける　その日、その月、その年に一番達成したいことを決め、できるまで集中を切らさない。

②毎日、やることリストの優先順位を付ける　自分の目標を正直に見直す。ノーと言うこと（しかも何度も）を覚え、非生産的な項目をその日のやることリストから削る。

③eメールやソーシャルメディアを規律をもって使う　eメールやソーシャルメディアは時間を決めて使う。だらだらと使っていると、集中が乱され続けることになる（私がインタビューを行った巨人たちは全員、重要なeメールや電話で中断されることなく、話をしてくれた）。

④会議には検討課題を書き出し、参加者と共有してしっかりとフォローする　こうすれば、道を外れたり時間を浪費したりすることを避けることができる。経験豊富な不動産のプロは自

分の時間と同じように相手の時間の価値を理解している。相手の尊敬を勝ち得ることはキャリアに大きな恩恵をもたらす。

開発に集中特化することに関するロナルド・タウィリガーの教え

タウィリガーは、不動産におけるコアコンピタンスを選ぶことが重要だと考えている。特に、仕事を始めたばかりで、経験が少ないときにそうすべきだとして、次のように言っている。

開発を一つの分野に絞っている会社（例えば、賃貸アパート）は、融資、デザイン、建設、リースなどでコアコンピタンスを培うことができる。市場によって細かい違いはあるが、私は賃貸アパートに関する新規開発ならば何百件も手掛けてきたため、安心してリスクを査定できる。

開発における地域的な間違いを避けるために、私の会社（トラメル・クロウ・レジデンシャル）では、現地に拠点を置くパートナーと組むことにしている。それによって、彼らがもたらす現地の情報と、地域の多様性の両方を取り入れている。

特定分野に特化したデベロッパーの利点は景気循環のどの時点でも信頼して参加できることで、開発に適していない時期は修繕（バリューアップ）や買収のための資金調達ができる。

また、タウィリガーは、新規開発や再開発などを手掛けるときは、建物の種類を熟知した建築家や委託業者を必ず使うようにすべきだと考えている。彼は、開発における最大のリスクの一つはよく知らないニッチに参入することだと思っている。建設会社が間違ったことをして予算が超過し、時間は無駄になり、チャンスを失うことになるといったことがあるからだ。

集中特化に関するエピソード

本書では中国を象徴する億万長者の張欣へのインタビューは行わなかったが、明瞭さと集中の効果を示す例として、彼女のエピソードを紹介したい。

張欣は、一九六〇年代に毛沢東率いる共産主義の中国で育った。彼女は下層階級に生まれ、この階級ではほとんどの人が「農民」になる以上の道はないと考えられていた。

しかし、彼女は美と色彩の世界に憧れた。そこで、家族は香港に移り、彼女に光と色と美の世界を見せた。当時、香港はまだイギリスの統治下にあったため、張欣はイギリスの教育制度で学び、奨学金を得てイギリスで経済学を学んだ。大学を卒業するとロンドンのゴールドマン・サックスに就職した。

それから何年かして中国を訪れた彼女は夫となる潘石屹と知り合ったことで、帰国を決意した。潘石屹は不動産デベロッパーで、中国を出たことはなかった。彼は張欣の心をつかみ、出会ってわずか四日後にプロポーズした。

愛し合うカップルの多くがそうするように、二人は一緒に事業を始めることにした。二人はSOHOという不動産開発会社を設立し、ある地域のセクターに特化することにした。彼らは住宅建設から始め、今日では北京と上海のビジネス街の高層オフィスビルのみを手掛けている(下層階が住居になっているものもある)。また、彼らは建物全体を一社か二社の大企業に売るのではなく、階ごとに個人のテナントに売るというビジネスモデルを用いている。こうして彼らはほかのデベロッパー(オフィスビルを建てて長期的に所有しつつ賃貸に出している)と差別化を図っている。このように、特定の地域とセクターのニッチに限定することで、SOHOは約五六〇万平方メートルの開発を行い、世界的な建築家のザハ・ハディドと組んで北京のランドマークとも言える先端的なビルを建設した。

レーザー光線のように集中し、明瞭さを持っていると、市場で自分独自のニッチを生み出すことができることが多い。

カギとなる教え

●目的を持つことの重要性を理解する。
●一つのセクターや地域で専門性を身につける。巨人たちは、特定のセクター（例えば、住宅開発）、地域（例えば、ロサンゼルス）、投資タイプ（例えば、株式）などといった専門性を身につけていった。深く学ばなければ、専門性は得られないからだ。
●不動産は一つの業界ではあるが、このなかにはたくさんの業種が含まれており、そのなかから自分がかかわりたい一つを選ぶ必要がある。さまざまな道があるなかで、自分に最も適していると思うものを選んでほしい。
●時間はあなたの最も価値ある資産なので、注意深く厳選して使う。お金は増えたり減ったりするが、時間は取り返せない。そのため、時間を最も有効に使えるよう計画的にスケジュールを立てる。

練習問題

今月と、これからの三カ月と、これからの一二カ月の目的を、できるかぎり具体的に書き出してほしい。そして、これら三つの目的の進捗状況を、毎日必ず見直してみよう。

第15章

四つ目の教え――「知識と数値に基づいて考える」

かなり前のことだが、ウォルマートを創業したサム・ウォルトンが商談のためにブラジルに行って逮捕されたことがある。彼がある店で陳列棚の間隔を測るため、床に這いつくばっているのを見た警官が、危険人物だと思ったからだ。ちなみに、彼は当時、アメリカ一の金持ちだった。ウォルトンは、ライバルや世界のビジネスから学べることが常にあるという謙虚な姿勢を持っていた。

巨人たちはみんな、世界は完全に理解するには大きすぎるということに気づいている。また、彼らは知的好奇心にあふれ、価値ある情報を常に探し、取り込もうとしている。

巨人のなかには一流校を出たり修士号を修得している人もいるが、そうでない人も多い。彼らは学びを大学ではなく、人生経験と、すでに目的を達成した人たちから得ているのだ。

読む

今の時代は、学ぶ意欲が下がっているように見える。多くの人が高校や大学や大学院を卒業すると新しいことを学ぶのをやめてしまう。また、高校を出たのに学び方を身につけなかった人がアメリカ中にはもっとたくさんいる。

ネイティブアメリカンの古い諺に、「学ぶことをやめたときに死が始まる」という意味の言葉がある。あなたが意図的に下す判断のなかで、最も重要なものの一つが学び続けるということである。新たに学ぶべきことは常にある。本書に登場した人たちの多くは、家庭用のパソコンが登場する前から仕事をしている。もし彼らがパソコンやスマートフォンの使い方を学ぼうとしなければ、今日、トップに上り詰めてはいなかったかもしれない。彼らは向上し続けている。あなたもそうすべきだ。

人生のなかで、人は関心のあることや学んだことに情熱を持つようになる。ある分野についてより多く学べば、それをより楽しめるようになる可能性が高い。

私が話を聞いた巨人たちは、全員が毎朝新聞を少なくとも一紙は読んでいる。四紙読んでいるという人も複数いた。また、彼らの多くが世界的なニュースレター（例えば、オークツリー・キャピタルマネジメントが発行するザ・メモ・ウイズ・ハワード・マークス、ブラックストーンが発行するバイロン・ウィーンズ・マーケット・コメンタリーなど）を購読している。優れたニュースレターはほかにもたくさんあり、市場の現状や方向性に関する包括的な見識を得るために、いくつか読んでみるとよいだろう。

また、巨人たちは、シンクタンクやフォーチュン五〇〇企業の取締役会やプライベートクラブやそのほかのグループに参加して、エリート層の人たちと意見交換をしている。金融と不動産の専門家であるビル・アックマンは投資のアイデアの多くをウォール・ストリート・ジャーナル紙から得ていると、二つの異なる場所で発言していた。また、中国の不動産王の陳啓宗からも、ビジネスに関する価値あるアイデアを新聞から得ていると直接聞いた。

ただ、世界的な不動産投資家になるためには金融や不動産のニュースを読むだけでなく、創造性が必要だ。これはたくさんの分野を理解して、アイデアを組み合わせていくことで生まれる。巨人たちは知的好奇心が旺盛で、たくさんの疑問を持ち、さまざまな方法で学びながら思考を膨らませている。

例えば、ボブ・フェイスは医療コンサルタントが書いた本から、不動産ポートフォリオのなかの物件管理に関する有益なアイデアを得た。この情報は意図的に探したのではなく、偶然見つけたということだった。

巨人たちは、最高のビジネス判断のいくつかは市場の変化にみんなよりも早く気づいたことによって下すことができたと何度も言っていた。あなたもライバルよりも優位に立つための情報源を見つけてほしい。ただ、情報源によって正反対の結論を示していることもあり、その場合は二つの間のどこかで真実を見極めなければならない。また、日々の動きよりも大事なのはトレンドに気づくことだ。現代のデジタル時代の情報の多さを考えれば、学校に行かなくても幅広いビジネスにおける専門家になることも可能ではある。

もし情報を一つの分野や業界に限定すると、おそらく展望に欠けることになるだろう。これは、今日の相互に関連している世界においては特に言える。だれでも探す気さえあれば、本やそれ以外の資料や人から新しい視点を得ることができる。

また、そうすることは業界や特定の市場や市や近隣や特定の会社のアノマリーや混乱を見つける助けにもなる。市場の極端な心理に気づけば、魅力的な参入ポイントが見つかるかもしれない。

現地の図書館や大学の図書館で、あなたの思考を刺激する本を探してみるのもよい。また、質の高い雑誌（例えば、エコノミスト誌、ニューヨーカー誌、アトランティック誌など）や新聞（ウォール・ストリート・ジャーナル紙、フィナンシャル・タイムズ紙、ニューヨーク・タイムズ紙など）も読んでほしい。ドキュメンタリーもお勧めだ。インターネットでは、リンクトインのコンタクトが投稿した記事やブログなども読んでみるとよい。どの情報源も知的好奇心に応える可能性にあふれている。例えば、ブリッジウオーター・アソシエーツの創業者で希代の投資家と呼ばれているレイ・ダリオは、最近、知識を獲得することについて、リンクトインに次のように投稿している。

「知識は、判断を下す前に得る必要がある。脳は異なるタイプの学びを潜在意識や機械的記憶や習慣のなかに記憶している。どのように知識を獲得しても、どこに記憶しても、最も大事なことは、その知識が複雑な現実を正確に描き出し、それがあなたの判断に影響を及ぼすことなのである」(https://www.linkedin.com/pulse/principle-51-recognize-1-biggest-threat-good-decision-ray-dalio/)。

また、彼はすべての人が読むべき本として次の四冊を勧めている（ダリオが二〇一八年一月にスイスのダボスで開催された世界経済フォーラムでＣＮＢＣに語った内容より抜粋）。

①ジョセフ・キャンベル著『千の顔をもつ英雄』（早川書房）
②ウィル・デュラントとアリエル・デュラント著『歴史の大局を見渡す――人類の遺産の創造とその記録』（パンローリング）
③リチャード・ドーキンス著『遺伝子の川』（草思社）
④ノーマン・ローゼンタール著『スーパー・マインド（Super Mind）』

歴史を知っておく

すべての人が死ぬまで学び続け、思考を刺激する本や記事を読み続けていったらどうなるだろうか。世界はおそらくもっと競争が激しくなるだろう。あなたは学び続け、新しいスキルや能力を身につけたいと思ったから本書を読んでいるはずだ。それならば、新しいアイデアや解決策を貪欲に探し続ける並外れた人になるために、巨人たちが勧めることをやってみるとよい。

ロナルド・タウィリガーは開発の仕事を始めて五〇年ほどたってから、多くの時間と労力を割いて社員に過去の需給トレンドを分析させている開発会社がほとんどないことに気づいた。大部分の会社が不況になったり、過剰建設によって供給が需要を上回ったり、経営が苦しくなったりして、初めて開発事業のモデルの見直しを始めるのだ。そこで、彼は過去の経済サイクルと不動産サイクルを調べてどうすべきかを学んでおくよう勧めている。歴史から学んでほしい。

ロヒット・ラビはインドの歴史を勉強した。南インドの不動産に関する本や資料を読んだり、経験や知識が豊富な人たちの話を聞いたりして調べたのだ。彼は、いつ不況が始まりいつ終わったか、いつバブルが起こっていつはじけたかを知っている。すべてが価格に織り込まれているからだ。また、インドの不動産市場でいつブル相場やベア相場が起こり、いつ戦争やパニックが起こり、それらの時期に市場のプレーヤーやエンドユーザーがどのように反応したかも知っている。このようなときは感情が先に立つため、このようなパターンは繰り返す可能性が高いことや、事業環境を理解し、将来への展望を持たなければならないことも学んだ。ただ、将来を考えるためには、過去を知らなければならない。

それでは、不動産の歴史を学ぶときにどのような点に注目すればよいのだろうか。例えば、六年前の市場の下落はなぜ起こり、そこから何か学べるものはあるのだろうか。何か一般的な結論や具体的な結論を導くことはできるのだろうか。この業界で成功しているデベロッパーに共通点はあるのだろうか。デベロッパー全般ならばどうなのだろうか。大手不動産会社がこの市場で、あるいはこの時期になぜ失敗したのだろうか。そこから何が学べるのだろうか。自分の市場や自分のニッチ分野で繰り返しているパターンはあるのだろうか。都市計画法はどのように変わっているのだろうか。特定の市はどのように成長しているのだろうか。

私たちは将来を予測することはできないが、過去から学ぶことはできる。何がうまくいき、何がうまくいかなかったか、そしてなぜうまくいかなかったか、といったことである。

数字と概算分析とスプレッドシート

不動産の成否は、主に数字で決まる。私がインタビューを行った不動産の巨人たち全員がそう言っていた。さらに言えば、私が部下や取引相手として仕事をした巨人たちもみんな数字に強かった。これは、彼らが高度な暗算ができるということではなく、基本的な数字をしっかり把握しているということだ。例えば、可能な売り上げや賃料、開発コスト、運用コスト、資本支出額、購入時と売却時のキャップレート、マージン、割引率、内部収益率などがすべて頭に入っているのである。

何人かの巨人は、仕事を始めたときは計算が得意ではなかったが、意欲と好奇心ですぐに慣れたと明かしてくれた。彼らはこのスキルを身につけるために、自らを数字漬けにし、助言者や成功しているプレーヤーの近くにいた。人生の多くのことがそうであるように、練習を重ね、より多くの数字を分析すれば、スキルは高まっていく。

スプレッドシートやそのほかの分析ツールについては、前提とする数字によって精度が変わるということを覚えておくこと。つまり、スプレッドシートを使えば好きな結果を導き出すことができるが、それが現実にどれくらい近い値かは入力した推定値によって決まるということである。不動産を分析するときは、冷静かつ中立的な視点で行い、個人的な関心や感情的な理由で取引したい気持ちに負けてはならない。

巨人たちが何百もの投資チャンスを素早く分析するために使っている最も便利なツールの一つが、概算分析（ＢＯＴＥ）である。どんなものだろうか。

これはさまざまな前提を使って、特定の物件や案件に投資した場合の期待リターンを素早く概算するための比較的単純な計算方法である。この方法は、「怪しいにおいがしないか」を含めて素早く予備的な判断を下すためのものなので、意図的にあまり細かい部分までは含んでいない。

こう書くと、単純すぎて正確でないように見えるかもしれないが――特に、難解な公式や複数の感度分析を使ってエクセルで洗練されたモデルを作るのを得意とする若い投資銀行家にとっては――、十分役に立つ。複雑なエクセルのモデルはほとんどの場合、必要ない。物件の分析に、先端科学は必要ないからだ。

既存の商業物件の概算分析に必要な主な要素を挙げておこう。主な前提項目は以下のとおり。

●物件の購入価格と契約手数料
●必要な資本額と投資方法
●借入金額、主な条件、支出額、返済スケジュール
●毎月の賃料収入と運営費
●売却時のキャップレート

例えば、オハイオ州のシンシナティ郊外でBクラスの集合住宅を買おうとしているときに、一〇〇戸の物件（六五〇〇平方メートルが賃借可能）が九六〇万ドルで売りに出ていたとする。この物件の入居率は九五％で、年間の収益は六〇万ドル、運営コストは一二万ドルだとすると、営業利益は四八万ドルとなる。

純営業利益＝総収入－運用経費

過去六年間の入居率が平均九五％だと分かっていて、この数字が信頼でき、入居率が上がることは想定せず、現在の賃料も相場の水準とするならば、これは妥当な試算だろう。

さらに現地市場の情報を見たり、現地の複数のブローカーに話を聞くと、キャップレートが五％というのは市場平均（五・七五～六・七五％）よりも価格が少し高いし、一戸当たり購入価格が九万六〇〇〇ドルというのも最近の相場よりも少し高い（集合住宅のプロジェクトでは「一戸当たりの価格」が基準として使われることが多い）。だが、現地の二社が取引額の六〇％を五％（オールインコスト）で融資してくれる見込みなので、レバレッジを増やせばリターンは増えないが、必要な資本を減らすことができる。

また、分析を続けていると、新たに二つのことが分かった。一つ目の情報は信頼しているブローカーからの情報で、今年、四キロほど先に新しい大学が開校するため、来年は利益が約八％増えると見込まれることだ。ブローカーは、この予想を近隣の市の似たような状況に基づいて算出したということだった。

二つ目の情報は、以前にこの物件を分析していた現地の土木技師からで、この建物にはすぐに一五〇万ドルの設備投資が必要だということである（築一五年の建物なのでよくあること）。幸い、工事が必要なのはプールや体育館といった共用部分なので、高い入居率に影響はない。

この二つの変数を分析に加えると、この物件の価値は一〇六〇万ドルで、年間五一万八四〇〇ドルの営業利益を生み出すと想定できる。つまり、購入時のキャップレートは四・九％となる。そうなると、融資を増やせば負のレバレッジがかかるため融資を増やすのは勧められない。

取引を分析するときには、買収コストと代替コストを比較することも重要だ。賃貸可能な一平方フィート当たりのコストが一五一ドルだということは分かっている。しかし、信頼できるブローカーとエンジニアは、代替コストが一平方フィート当たり一二〇ドルだと言っている。

この情報によって、この取引はあまり関心が持てないため、今は保留するか却下することにする。巨人たちは不動産取引をこのように分析しているのである。

ただ、巨人たちは概算分析の専門家ではあるが、より詳細な資産が必要な状況もたくさんある。特に、変数が多かったり、異なるシナリオを試してみたりしたい場合はなおさらだ。ちなみに、スプレッドシートを使った分析は次のようになっている。

商業不動産の新規開発ならば、次のような変化があるかもしれない。

●開発コスト（土地、建設費、ソフトコスト）
●収入と稼働率
●運営費
●積立金と設備投資
●想定売却価格（売却キャップレート）

商業不動産を買うときは、次のような変化に注目する。

●購入費
●収入と稼働率
●運営費
●積立金と設備投資
●想定売却価格（売却キャップレート）

新規開発して売却する場合は、次のような変化に注目する。

●開発コスト（土地、建設費、ソフトコスト）
●一戸当たりの販売価格
●販売の速さとタイミング

このようなことに加えて、スプレッドシートを使うと、資本と負債の割合、融資条件と金利、借り換え条件とコスト、税効果と優遇措置、パートナーへの利益分配、投資倍率を分析する助けになる。

巨人たちが熟知している金融モデルやスプレッドシートについてもう少し書いておく。巨人たちは、たいてい七～一〇年先まで予想しているため、スプレッドシートの分析でも賃料や経費が上がっていくことを常に想定している。ただし、賃料は上がるのではなく下がる年もあるため、これは現実的ではない。同じようなことは、長期のリース契約でもあり得る。

理由を次の例で考えてみよう。大口のテナント（例えば、ナイキ）にオフィスビルを一〇年契約でリースして、三年目に大不況に見舞われたとする。そうなると、ナイキは近隣のオフィスビルからより有利な提案を受け始めるため、あなたは再交渉を余儀なくされる。このように、不況になると大口テナントの多くは賃料を含めてリース条件の再交渉を要求してくることも想定しておく必要がある。そのため、計画を立てたうえで、いくつかのリスクシナリオを想定しておいてほしい。賃料が五％下がったらどうなるか、稼働率が九五％から八七％に下がったらどうなるか、といったことである。

税金

本書は世界中の読者を想定して執筆しているため、税金や財務上の課題については書いていない。不動産と同様に、税法も地域それぞれなので、あなたの地域の不動産に関する税法や財務戦略を学ぶ必要がある。また、優秀な税務戦略家の助けを借りて、節税になる仕組みを構築するよう強く勧める。会社の規模が大きくなるほど、投資を行う前に賢い税務戦略や構造を用意することで節税できる額は大きくなる。また、案件によってはこの節税効果が何年にも及ぶことになる。

リスクとリワードは均等ではない

知識を付けて数字にも強くなると、リスクとリワードが不均等なチャンスを見つけるのもうまくなっていく。

伝統的に、不動産投資で高いリターンを上げたいならば大きなリスクをとる必要があると思われてきた。しかし、精通した投資家はまったく逆のことを考えている。実際、彼らはたいてい小さなリスクで大きなリターンを上げている。

どうしてそんなことができるのだろうか。簡単に言えば、彼らはリスクが小さくても潜在リターンが大きいと考えるところに投資しているからだ。彼らは、みんなが売らざるを得ない時期に積極的に買うことで、割安の物件を見つけている。ファンダメンタルズが強固で、その時点で買うにはあまり良くないように見えるが、多少の改修によって支払額よりもはるかに価値が高いものに変えることができる物件に投資しているのである。**図15－1**の例を見てほしい。

この例では、代替コストよりも安い六〇〇〇万ドルで買おうとしているため、リスクは小さいが、多少の運用変更で二～三年後には一億四〇〇〇万ドルまで値上がりする可能性があり、そうなれば八〇〇〇万ドルの利益が見込める。また、最大損失は一〇〇〇万ドルに限定できている。リスクとリワードの割合が一対八というのは、すべての投資家にとってかなり魅力がある。付加価値を狙った投資の例を付録Ｂに掲載しておく。

図15－1　小さなリスクでも大きなリワードを狙うことはできる

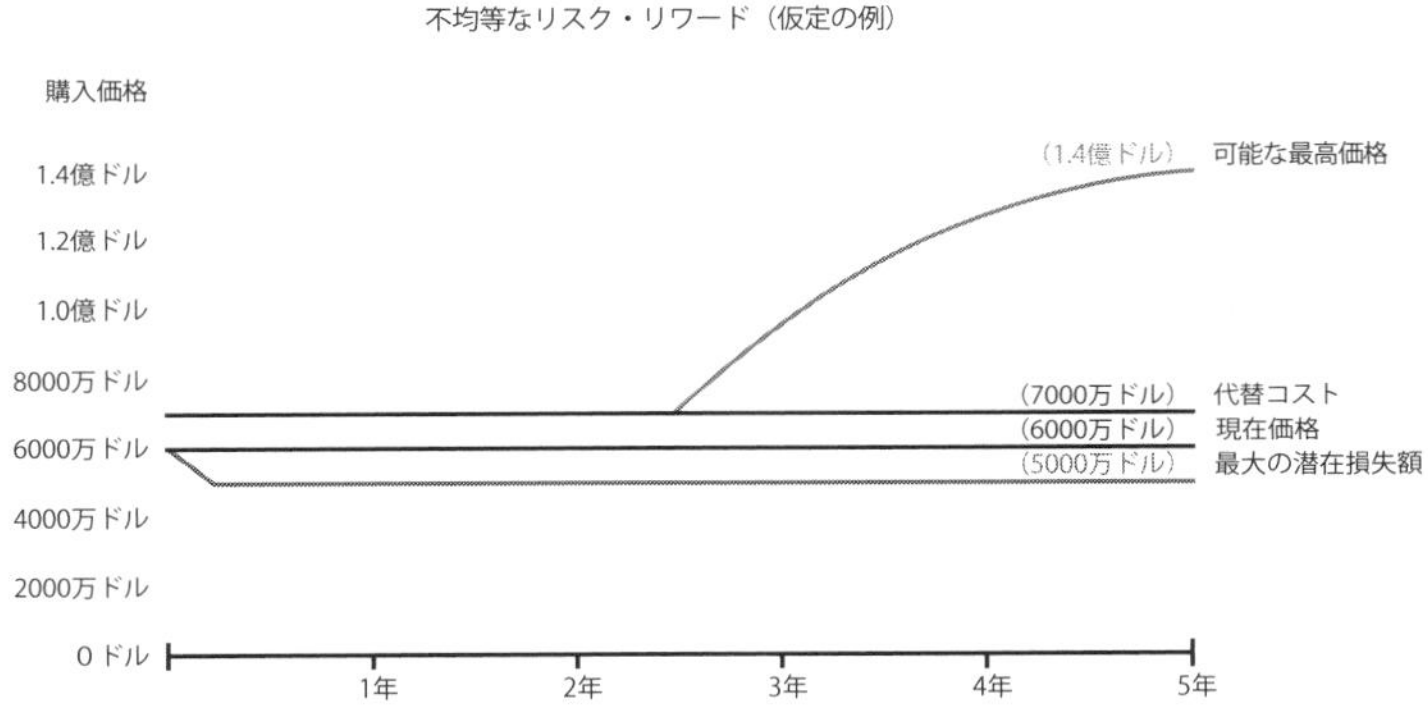

幾何学級数的なリターンを理解する

巨人たちは複利の威力を理解している。あなたも分かっているとは思うが、念のため例を挙げておこう。

私は、何年も前にある不動産業界の大物から聞いた興味深い話から、複利の効果について多くを学んだ。プライバシーを考慮して、名前をジェームスとしておこう。彼は知り合いの有力地主から、発展途上国の住宅地域にある土地の買い交渉を市場を通さずに行った。具体的に言うと、地主は大都市郊外に二棟のタワーマンションを建てて売りたいと考えていた。

ジェームスは、過去のプロジェクトで培った顧客ベースを持っており、非常に少額の頭金（ここでは一ドルとしておこう）でこの場所を抑えることができた（**図15－2参照**）。彼は、この物件を買って初期費用（設計や認可）を賄うために必要な資金を、六〇日間で投資家から調達することになっている。最初の調達が終わると、現地の設計会社と予備設計を行い、必要な許認可を申請した。また、コンドミニアムの販売資料を作るために、マーケティング会社も雇った（このプロジェクトが締結したら支払うことになっている）。

このように、やるべきことを次々と片付けていったジェームスは、ほかの知り合いの投資家と会って、ほとんどの部屋を売却し、開発費用全体の資金調達を終えた。ジェームスは高い評価を受けているため、彼の会社が責任をもって建設と開発に当たり、高リターン（ＩＲＲが三〇％超）が期待できる非常に魅力的なチャンスであることを投資家は納得した。ジェームスは、組成手数料と一連の開発手数料を得ることになる。六年間（24四半期）で、彼は一ドルの投資に対して数百万ドルもの利益を得た。彼の資金は、四半期ごとに倍になっていったのだ。これは、もちろん典型的なリターンではないが、ジェームスはそれを達成した。

ただし、この例は新興市場特有のケースだということを記しておきたい。これらの国では開発前のコンドミニアムを事前販売して、その資金で建設費用を賄うことができるからだ。このようなことは、先進国（例えば、アメリカ）ではできない。買い手を保護し、プロジェクトが完成できなかったときは資金を買い手に返還できるように、資金を預託する必要があるからだ。

この例は、複利の力によって利益が雪だるま式にさらなる利益を生み出していく。そうなる

図15－2　時間とともに利益が利益を生み出す

複利の力

1四半期	$ 1	1日目の投資額
2四半期	$ 2	
3四半期	$ 4	
4四半期	$ 8	
5四半期	$ 16	
6四半期	$ 32	
7四半期	$ 64	
8四半期	$ 128	
9四半期	$ 256	
10四半期	$ 512	
11四半期	$ 1,024	
12四半期	$ 2,048	
13四半期	$ 4,096	
14四半期	$ 8,192	
15四半期	$ 16,384	
16四半期	$ 32,768	
17四半期	$ 65,536	
18四半期	$ 131,072	
19四半期	$ 262,144	
20四半期	$ 524,288	
21四半期	$ 1,048,576	
22四半期	$ 2,097,152	
23四半期	$ 4,194,304	
24四半期	$ 8,388,608	

と、最初の投資額だけでなく、累積していく配当やキャピタルゲインからも金利を得ることができる。そのため、投資先の価値は月を重ねるごとに加速度的に成長していく。

この概念は、いつ投資すべきか、どのように投資すべきか、何に投資すべきかについて見方を大きく変えることになるかもしれないため、ぜひ理解しておいてほしい。複利の威力は、経験豊富な不動産プレーヤーが、この資産クラスを長期投資として見ている理由でもある。

下降局面に備える

成功している不動産プレーヤーは、正しい疑問を持ち、どうすればリスクを緩和できるか理解している人たちである。まずは、自分の市場について、あなたの投資に影響を及ぼすさまざまな要素（マイクロおよびマクロ）をすべて把握するまで調べてほしい。十分な知識があれば、ライバルよりも早くパターンやトレンドに気づくことができる。このような理解がより良い判断と将来計画につながる（例えば、いくつかのシグナルから売り手市場だと気づいてそれに備える）。

不動産の仕事は、世界中どこでも開発や購入の規模は需要ではなく、利用可能な資金によって決まる。需要を理解することはもちろん必要だが、残念ながら合理的でない不動産プレーヤーはたくさんいる。不動産市場には、資金が楽に調達できると、完成後にだれが使うのかを考えずに過剰に建設が進められてきた過去がある。しかし、あなたはあらゆる下降局面を注意深く想定しておいてほしい。

景気の下降期を避けることはできない。歴史がそれを証明している。巨人たちも認めている。下降局面が訪れることは分かっているが、それがいつかは分からない。そこで、将来の下降局面に備えるためには、過去の下降期を見る必要がある。何が原因で、どの事業が崩壊し、どの事業が生き延びたのだろうか。

そこで、勝者と敗者を分けた選択を調べ、それを自分の不動産戦略に組み込んでほしい。これは苦しい時期の収入源を見つけ、確保しておくということだ。そのためには、プロジェクトや不動産投資を実行する前に、必ず下方リスクを検討しておくことが欠かせない。そこで、次の二つの点について自問してみてほしい。何が起こったらこのプロジェクトは失敗するのか、需要はどこからもたらされているのか。

融資について

資金調達の達人になるためには、高度な定量的スキルを身につけることが欠かせない。チャイム・カッツマンが、資金調達に関する見方を明かしてくれた。彼が勧める重要な点の一つは、取引（会社を経営している場合はバランスシート）のレバレッジを比較的低く抑えることと十分な資金を持っておくことである。

不動産の世界に参入したばかりだと、資金調達は複雑に見えるかもしれない。ただ、経験則から言えば、ほとんどの金融機関が貸してくれないときこそ、レバレッジを使うべきときとも言える。

不動産の世界では、下降期や不況は差し迫ったこととして考えておいてほしい。いつなんどきでも不況に備えておく必要があるのだ。そのためには、苦しい時期が二～三年続いても十分生き延びられるレバレッジの水準に抑えておかなければならない。

それにはどうすればよいのだろうか。長期負債が固定されていて、資本市場が再調達のために開いているときは、信用枠が資金のギャップを埋めるためのショックアブソーバーとして機能してくれる。資本市場が開いていないときに、信用枠がつなぎとめてくれるのだ。二〇〇八年のリーマンショックで破綻しかけたゼネラル・グロース・プロパティースのケースを考えてみてほしい。この会社は大型ショッピングセンターに投資するＲＥＩＴ（不動産投資信託）で、二〇〇四～二〇〇八年にかけて七二億ドルで数多くのショッピングセンターや有名土地開発会社を買っていった。そして、二〇〇八年には二五〇億ドル以上の資産を所有していたが、流動性が足りず返済ができなくなった。不動産事業では、ある程度の流動性を持っておくことが極めて重要なのである。

銀行は不動産の何を最も好んでいるのだろうか。もちろん、非常に優れた資産であること以外に、下降期に最も打撃が小さく、キャッシュフローを生み出し続けて貸し手や債券保有者をあわてさせないことだ。彼らは、キャッシュフローがあれば返済が滞らないことを知っているのである。

ちなみに、チャイム・カッツマンは個人的な負債を負わないよう強く勧めている。不動産の歴史を学ぶと、アメリカでは一九八〇年代に多くの投資家やデベロッパーがリコースファイナンスによって、銀行に担保物件だけでなく、借り手が所有するそのほかの資産まで差し押さえられて苦境に陥った。

ロナルド・タウィリガーも、「銀行は良いときしか当てにならない。好調ならば喜んで資金を出し、パートナーになりたがるが、状況が悪くなると（不況や市場の下落時）機械的に考え始め、友好的ではなくなる」と指摘している。

カギとなる教え

●高級紙（例えば、ウォール・ストリート・ジャーナル紙、ニューヨーク・タイムズ紙など）を購読し、毎日読む。また、評価が高い週刊誌（例えば、エコノミスト誌）のウェブサイトを毎日確認する。こうすることで思考が広がり、新しい考えが浮かびやすくなる。

●数字に強くなることは重要。スキルを持っていない人はブルース・キヤシが設立したリアル・エステート・ファイナンシャル・モデリングで、不動産業界で成功するために必要な金融のスキルを身につけることもできる。キヤシは、本書の読者にすべてのデジタル商品を二五％引きで提供すると約束してくれた。https://www.getrefm.com/retitansにアクセスして、レファレンスコード「retitans」を入力すればよい。できるかぎり自分に投資して、より多くのスキルを身につけてほしい。

練習問題

あなたの市場の物件を二つ選んで、それについてできるかぎり詳しく調べてみよう。それぞれについて概算分析を行い、金銭的に妥当なチャンスかどうかを判断してみるのだ。また、その物件が売れたあとも観察を続け、あなたの分析がどれくらい正しかったかも分析してほしい。

第16章

五つ目の教え――「優れた人たちが周りにいるようにする」

不動産は、もしかしたらほかのどの大きな事業分野よりも人とのかかわりが大事かもしれない。ほかの人――投資家や銀行、建築業者、設計士など、さまざまな関係者――とのつながりが大きな意味を持つのだ。この仕事では彼らと話し合い、彼らのニーズや目的や動機を理解する必要がある。

不動産の分野である程度の成功を収めたことがある人ならば、時間と労力を継続的に投資して、この業界に不可欠な人たちとの関係を築いてきたはずだ。この仕事は、ブローカー、銀行、投資家、アドバイザー、市場の専門家、鑑定士、建築会社、設計士、インテリアデザイナー、資産マネジャー、不動産経営管理士など、さまざまな人たちと定期的に交流する必要がある。

例えば、**図16－1**に示した影響の輪で、ジーナ・ディエス・バローソのような巨人が一週間をどのように過ごしているかを見てほしい。彼女は、不動産業界でできるかぎり多くの人たちと

図16－1　ジーナ・ディエス・バローソの影響の輪のなかにいる人たち

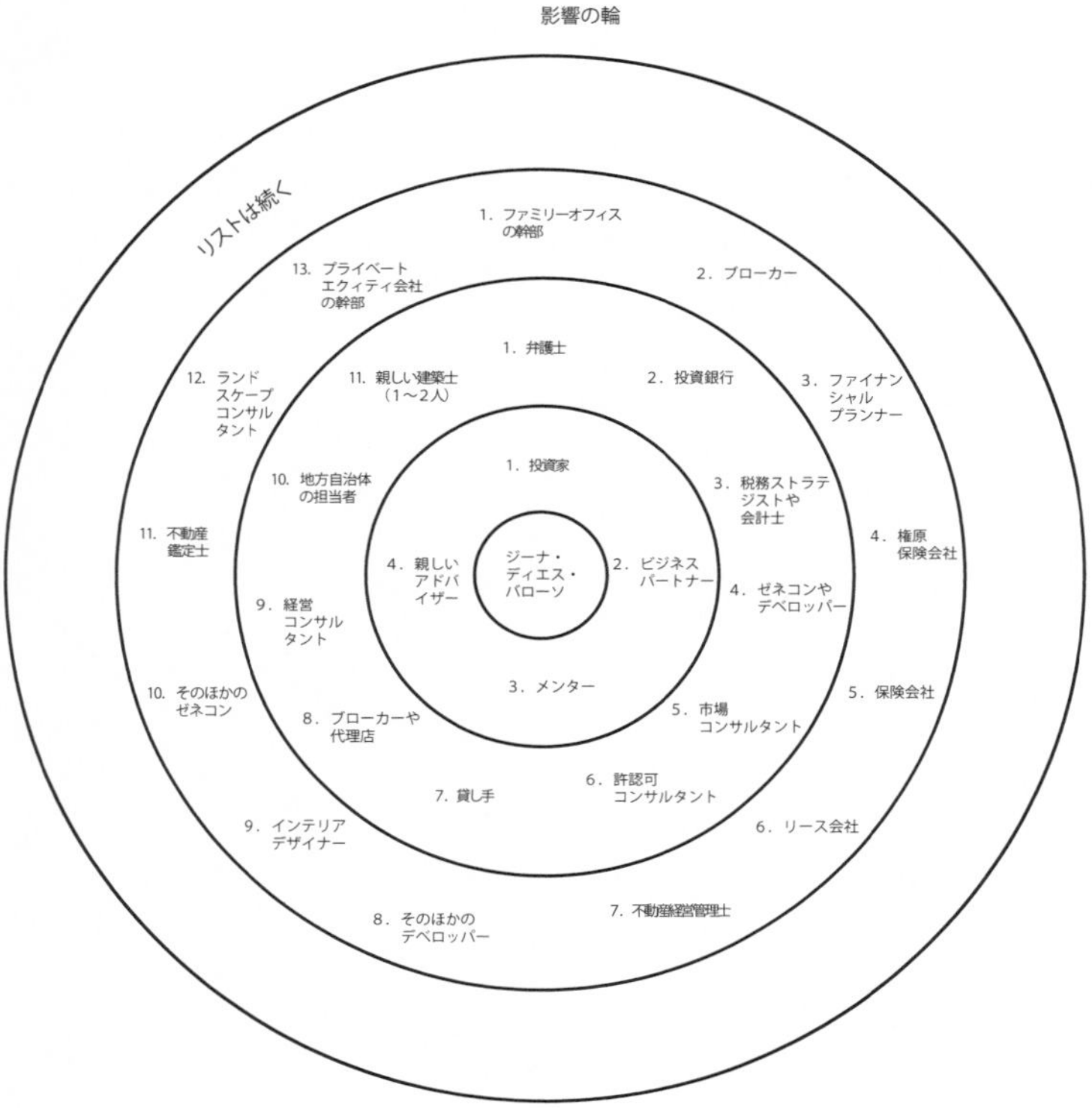

の関係を築こうとしている。彼女がこの世界で築いた人脈を見れば、彼女が大きな影響力を行使できる理由が分かるだろう。

　巨人たちはみんな、自分ですべてを行うことはできないことを知っている謙虚さをもっている。だからこそ、周りに優れた人たちを配している。成功は才能を引き寄せ、巨人たちのようなとびきりの成功者はとびきり賢い最高の人材を引き寄せる。勝ち組になると決め、そのためにすべき努力をしている人たちはほかの勝ち組の人たちと付き合いたいと思うものだ。巨人たちはさまざまなスキルや能力を持つ人たちとかかわりながら、新たなチームを作るときはそのなかから最も才能のある人材を選ぶことができる（余談になるが、自分のチームを作るときは少なくとも弁護士と税務ストラテジストを最低一人ずつは入れるべきである。彼らの専門知識があれば、何年分もの作業を節約できるからだ。不動産で税金や法律に関する重大な問題が起こると、何年もかけて積み上げてきた利益を即座に失うことになりかねない。しかし、物件を買う前に優秀な弁護士や財務ストラテジストを近くに配しておけば、時間とお金と悩みを大幅に減らすことができる）。そうすることは、巨人たちの「不可能なんて、ありえない」という考え方を強く改めて認識し、優れた運用能力をさらに向上させることになる。

賢い人たちが周りにいるようにする

巨人たちが周りに賢い人たちを配しているのはよく分かる。しかし、これから仕事を始めようとしている人はどうすればよいのだろうか。そのためには、まず自分の強みを理解することである。あなたの生まれ持った才能は何なのか。身につけているスキルはあるのか。どの分野を最も勉強してきたのか。現在、どんな資産を持っているのか。時間という最も大事な資産はだれでも持っている。意欲や労働意欲も資産に含まれる。あなたが自分の展望を追い求めるために自分の時間をどのように使ったり投資したり、どれくらいの努力をつぎ込んだりするかはあなた次第なのである。自分が提供できるものに自信があれば、あなたの目的達成を助けるためにさまざまな資源を持って喜んで参加してくれる人を見つけることはできるはずだ。

また、あなたの目的と行動計画を見て、目的ごとにその達成に必要な手助けをしてくれる専門家のリストを作ってみるとよい。まずは、あなたの市場にどのような専門家がいるのかを調べてみよう。そして、その人たちは何年くらいの経験があるのか、この地域での活動や評判はどうなのか、何らかのネットワークや友愛組合や社交クラブに所属しているのかといったことも調べるのだ。そのうえで、彼らを訪ねて自己紹介をし、彼らが最大の能力を発揮するためには何が必要かを聞いてみるとよい。それをしておくだけで、彼らにとってあなたはほかに付き合いのある業者よりも高く評価されることになるだろう。

同盟やネットワークはこのようにして作っていく。自分の人材リストに加えるべき人が見つかったら、目的をもって社交の輪を広げていくことができる。閉ざされた社交の輪のなかでのみ過ごしている人があまりにも多くいる。一〇人や二〇人の仲間がいても、それぞれがそのなかだけの付き合いしかないというケースだ。もしあなたが歯科医で、知り合いもみんな自分と同じ分野の歯科医ならば、話は合うかもしれないが、新しいことを学ぶチャンスはほぼない。

巨人たちは若いころから最高のメンターを探し、その人の下で働くよう目標を定めていた。

父親が築いた道を進んだ人もいれば、大学を出てから自分が夢見ることをすでに成し遂げている人の下で働くことにした人もいる。彼らは、目標とする人――苦労して学んで洗練された解決策を見つけたり、不動産で新しい利益を上げる方法を見つけたりした人たち――の話に意識的に耳を傾け、観察し、メモをとり、学んできた。そういう人たちのあとに続くという選択をすることによって、あなたの夢見たキャリアの軌道はさらに大きく遠くまで伸びていくだろう。

マスターマインドの威力

自分の周りに優れた人たちがいるようにするための最初のステップは、不動産関連のマスターマインドを作るか参加することである。これは週に一回、自分がしていることを話し、みんなからフィードバックを得たり、さらなる知恵を得たりするためのグループである。不動産の起業家の多くが一人で活動し、一人で判断して行き詰まってしまう。時には、あなたの考えを聞いてくれる人がいるだけでも、より良い判断を下す助けになるものだ。

それに加えて、マスターマインドグループは新しい案件の糸口にもなり得る。周りにあなたの成功を願う人たちがいれば、チャンスがあることを教えてくれるかもしれない。あるいは、マスターマインドのメンバーがあなたをプロジェクトのパートナーに誘ってくれるかもしれない。もしかしたら彼らが資金の多くを出し、あなたが労力を提供するというケースもあるかも

図16－2　小さなネットワークがいずれ大きなネットワークや大きな資本や大きな影響力につながる

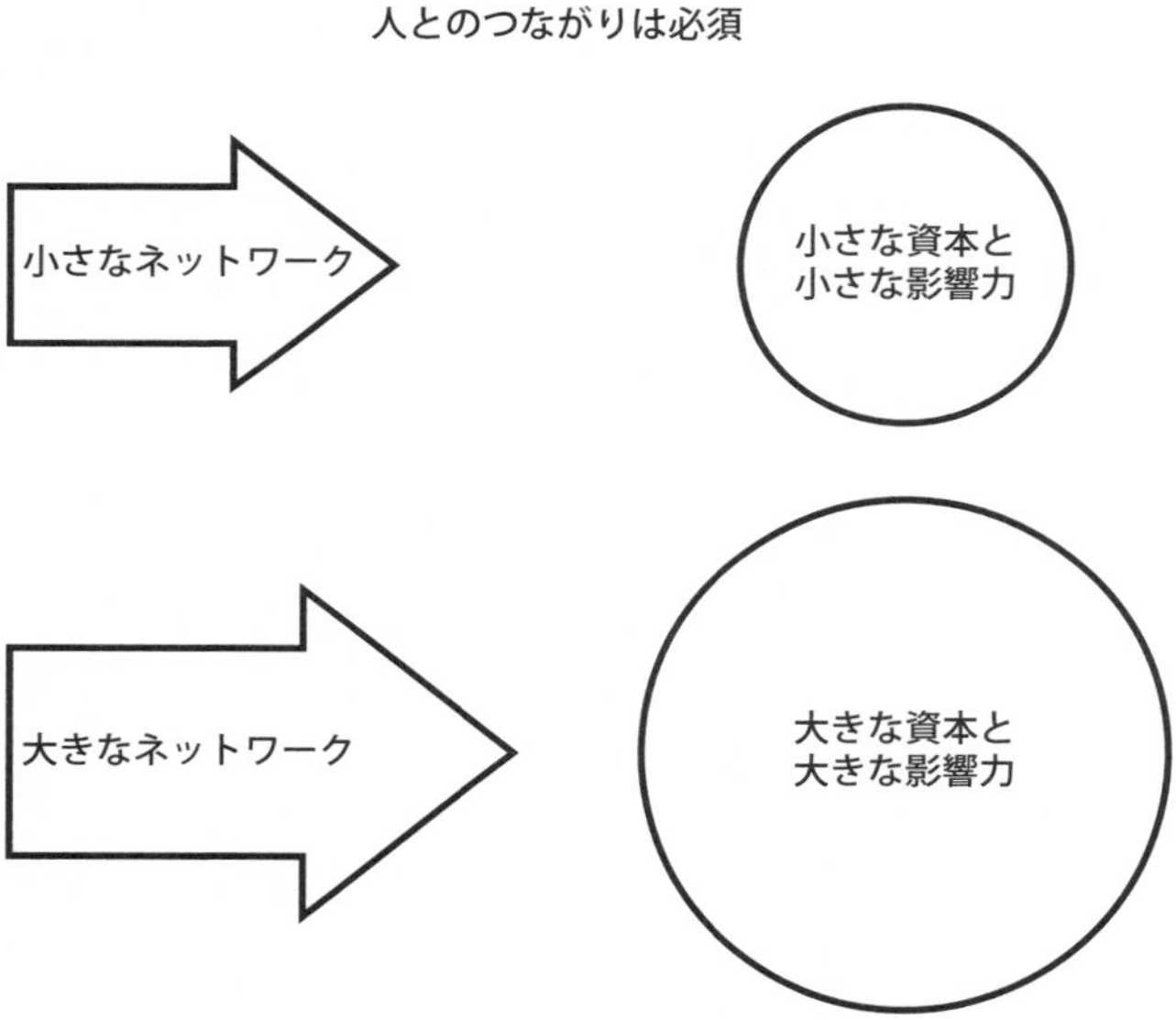

しれない。理想としてはいずれそのマスターマインドグループを卒業し、さらに大きなプレーヤーたちと付き合うようになってほしい。

人との関係を築くときは、自分の強みを理解して、相手にどんな付加価値を与えることができるかを考えておくとよい。そのうえで、尊敬する人や知り合いになりたい人に、自分の才能や経験を提供したり、彼らの役に立ちそうな分野の情報や解決策を提案したりして、親しくなっていくのだ。人脈で作る大きなネットワークはたくさんのチャンスをもたらし、さまざまな扉を開いてくれる。

メンター

優れたメンターが見つかれば、成功する確率は非常に高くなる。あなたがこれから直面するであろう試練をすでに乗り超えた人が身近にいるからだ。一人ならば試行錯誤しながら学んでいくしかないところを、同じような問題をすでに経験している人の話を聞いたり学んだりすることで間違う確率を減らし、成功までにかかる時間を短縮することができる。

良いメンターは、あなたが選んだ分野ですでに成功している人を選ぶとよい。優れたメンターは新しい挑戦を促し、コンフォートゾーンから押し出してくれる。そして、常に向上し成長することに集中するよう奨励してくれる。また、あなたの弱点を見抜き、建設的なフィードバックをくれたり、それを改善する手助けをしてくれる。その一方で、あなたの強みを見つけ、それを生かすように手助けもしてくれる。良いメンターがいると、必ずある厳しい時期には励まし、素晴らしい取引ができたときは浮足立たないように諫めてくれるなどして、安定した状態を保つことができる。

スタンフォード大学経営大学院が二〇〇一年に世界的なトップ企業のＣＥＯ（最高経営責任者）を対象にした調査（Stanford GSB 2013 Executive Coaching Survey）で、メンターにはさまざまなメリットがあることが分かった。具体的に言えば、回答したＣＥＯ全員が、コーチングを受け、リーダーシップに関する助言を受けてよかったと答え、七八％が自らコーチングを受けていると言っている。

米中小企業局によると、新会社の三〇％は二四カ月以内に破綻し、五〇％は五年もたない。しかし、メンターがついている会社は七〇％が五年を超えて存続し、社主の八八％はメンターが非常に有益だと答えている（https://www.sba.gov/）。人生でも仕事でも、正しいメンターを持つことで、成功する確率は大幅に高まるのである。

良いメンターはあなたと同じ市場や業界に幅広い人脈をもっているため、新しい投資家やデベロッパーやビジネスパートナーやブローカーや市場コンサルタントなどを紹介してくれる可能性も高い。

ボブ・フェイスとロナルド・タウィリガーは、トラメル・クロウがメンターだった。クロウは二人に、勤勉であること、倫理的であること、大局的に考えることなどを教えた。二人は積極的に、クロウの知恵を深く学んだ。不動産の世界でメンターを探すにはどうすればよいのだろうか。

まずは知り合いを探してみるとよい。あなたが不動産の仕事をしているならば、仕事で出会った人を書き出し、特に尊敬できる人を絞り込んでみてほしい。そして、その人たちに連絡をとり、助言がほしいと伝えるのだ。ただ、彼らの時間は尊重しなければならない。不動産業界にあまり知り合いがいなければ、自分のネットワークを通じて勧めてもらえばよい。知り合いはみんな新しい人脈やチャンスの扉を開けてくれる可能性がある。メンターを探す最高の方法で私にとってうまくいったのは、尊敬し、近くにいたい人に、まずは自分から何らかの価値を提供することである。

価値を提供する

価値を提供するというのは、だれかに何かを見返りを期待しないで与えるということである。不動産業界の億万長者や成功者に近づくとき、多くの人が犯す最大の間違いは彼らに何かを求めることである。多くの人が億万長者は必要なものをすべて持っていると誤解しているが、それは違う。彼らも同じ人間なのである。それなのに、みんな彼らに近づいて要求はしても、代わりに何か差し出そうとはしない。それでは、億万長者だってうんざりしたりイラ立ったりするかもしれない。

つながりを持ちたい人と交流するときは、真摯に相手の役に立ちたいという態度を示すことで、取り巻きとは一線を画すことができる。会話を終えたときに、自分のことを知ってもらう以上に、相手のことをよく理解できていることが望ましい。相手の目的に関心を持ち、それについて相手が解決策を見つける助けになるような質問をするのだ。そうすれば、相手はあなたに関心を持ち、また話をしたいと思う。また、人と話すときは、誠実かつ素直な態度で接することも大事だ。トップの人たちはそれを想像以上に評価してくれるだろう。

また、相手がそれほど得意ではない分野で手助けする方法を見つけることでも、価値は提供できる。例えば、複雑な取引をまとめるのが得意な人でも、オンラインマーケティングやソーシャルメディアについてはお手上げという場合もある。もしあなたの強みがこの分野にあるのならば、相手の会社や新しいプロジェクトをあなたのソーシャルメディアで宣伝したり、相手の会社のマーケティング担当者にやり方を教えると申し出ることもできる。このとき、見返りを求めてはならない。

尊敬できる人に対して見返りを求めない親切を始めると、魔法のようなことが起こる。まず、相手が親切に応えてくれないと心配することがなくなるし、もし相手が応えてくれたときにはたいていあなたがした親切よりも大きくなる。親切はプラスのカルマや価値を宇宙に放出し、より良い場所にするチャンスだと考えてほしい。心から提供し、何も見返りを求めないようにしても、宇宙は最終的にはすべてのバランスをとろうとして、より大きな見返りを与えてくれるだろう。

カギとなる教え

●身近に並外れた人がいるようにする。自分の仕事と関連がある専門家のリストを作り、関係を築いていく。

- 尊敬する人たちがたくさんいるマスターマインドグループやクラブに参加する。良い人脈を作ることに注力し、彼らからできるだけ学ぶ。
- 状況認識力を高め、常に相手に価値を提供する方法を探す。このとき、見返りは求めない。
- 良いメンターを見つけ、その人の経験から学ぶ。
- 相手を心から助けたいと思う。そうすれば、成功や権力に群がるごますりの連中とは一線を画すことができ、自分の人生に力のある人を引き寄せることができる。

練習問題

ジーナ・ディエス・バローソの影響の輪を参考にして、自分の影響の輪を描いてみよう。まずは不動産業界で最も近い人や会社から始め、そこから広げていくとよい。自分の現在の影響の輪を視覚的に表すと、目的や目標を達するためにどれくらい努力しなければならないかが分かる。だれと知り合うかは非常に大事だということを忘れないでほしい。あなたの成功を願う人と知り合うことは必須である。

第17章

六つ目の教え――「並外れたセールスパーソンになる」

私たちがジョセフ・シットが経営するソー傘下のソー・アーバナの資金調達をしたとき、私は数回、シットと同じ会議で同席した。資金調達で最も大事なことは優れたセールスパーソンであることで、彼は不動産の世界で最高のセールスパーソンの一人である。彼から学べることのなかで、私が観察したことをいくつか挙げておく。

●シットにはカリスマ性があり、常に楽観的で、たいていは笑顔。人は笑顔の人を好む。

●シットは楽しい人で、高いエネルギーを発している。セールスパーソンとして最悪な資質の一つは退屈でエネルギーが低いこと。

●シットは並外れて話がうまい。彼は自分の周りにいる興味深い人たちの刺激的なエピソードをいくつも持っている。

●シットは相手と話すときに関心を見せる。落ち着いて相手の話を聞くのだ。

私は、さまざまな会議でシットと同席し、彼がステークホルダーたちと交流するところを見てきた。彼の優れた強みの一つは、同席者たちを心から褒めることだ。

このことについて、デール・カーネギーが完璧にまとめている——優れたセールスパーソンになるためには、だれでも好ましいと思い、信用でき、リスペクトできる人と仕事をしたいということを覚えておく必要がある。それでは、どうしたら人があなたを好み、信用し、リスペクトしてくれるようになるのだろうか。まずは、相手に心から関心を持つことから始めるとよい。そうすれば、その人が必要としていることや望んでいることをよく理解し、誠実な関係を築くことができる。

私が見たところ、不動産の世界では、多くの人がメッセージを最も遠くまで伝えてくれるのは熱意だということを忘れている。ほとんどの場合、人がモノを買う理由はその製品やサービスではなく、それを売っている人なのである。つまり、自分が売っているアイデアや製品に揺るぎない熱意を持つことが、セールスパーソンの仕事と言える（地球上のすべての人はセールスパーソンだ）。

デール・カーネギーが推奨する七つのセールスのヒントを紹介しておこう。

①相手を名前で呼ぶ。見込み客の名前を覚える。理由は簡単で、名前はその人にとって世界で最も心地良く、最も大事な言葉だからだ。
②話を聞く。人は自分の話を聞いてもらったと感じたい。相手に話をさせれば、相手のニーズもよく分かる。
③笑顔でいる。カーネギーによると、笑顔を見せることによって、「あなたのことが好きだ」と伝えることができる。心からの笑顔を向けている人を嫌いになるのは難しい。
④顧客があなたから買いたいと思わせる。つまり、買いそびれる恐れを生み出す。顧客は基本的に欲しくて、自分だけが買いそびれたと感じる製品やサービスは積極的に買う。その気持ちにさせるには希少性の原則を利用するのも一つの方法。
⑤批判的なことは言わない。こんなことは常識だと思うかもしれないが、実際にはそうでもない。私はこれまで不動産業界で、買い手やパートナーや投資家になり得る相手と口論する人たちをたくさん見てきた。言い争いや批判はしない。
⑥相手の立場に立って、心底から関心を示す。顧客は、あなたが売っている製品やサービスが自分にとってどのようなメリットがあるのかを知りたいのだ。
⑦サービス精神を駆使してアイデアを売り込む。カーネギーは、レジスターのセールスマンが、雑貨店のオーナーに店のレジスターは古くてお金を捨てているのと同じだと説得したエピソードを紹介している。このセールスマンはそう言ったあと、コインを数枚ばらまいてそのイ

メージを見せ、レジスターの販売契約を獲得した。セールスに利用できるちょっとした例はいくらでもある。

夢を売る

私がこれまで出会った不動産やビジネス全般の成功者たちは、みんな優れたセールスパーソンである。彼らは、セールスの過程で根底にある心理を使った重要なスキルを使いこなしている。このなかには、見込み客との間に信頼関係を築くことも含まれている。これは、たいていは見返りを求めないで相手に何かを与えることによって築くことができる。例えば、ちょっとした情報でもよいし、一杯の水やコーヒーなどといった何でもないことでもよい。優れたセールスパーソンは相手をリラックスさせ、信頼を得る下地を作る。相手があなたと気安く話せるようになると、あなたがあなたの分野の知識と経験を有した専門家であるということを受け入れやすくなる。あとは、言動が常に一致しているようにしておけばよい。

今日では、多くの人が「売る」という言葉を、「誤解させる」「おだてる」「プレッシャーをかける」「何らかの操作をして買わせようとする」などといった意味だと思っている。しかし、そうではなく、売ることは買うと決めたときに得られるメリットを説明するという論理的な行動だと考えてみてほしい。セールスのスキルは、特定の不動産開発や投資にかかわる投資家、パートナー、貸し手、そのほかのステークホルダーに、魅力的なリターンが得られることを説得するのに必要なことなのである。このスキルは新たな取引を生み出したり、新しいパートナーを引き入れたり、価格交渉をしたり、賃料を上げたり、経費を削減したり、そのほかのさまざまなことにも使える。

セールスの優れたスキルとは、基本的に優れたコミュニケーションスキルを持つということである。不動産は人と人とのビジネスなので、コミュニケーションスキルは欠かせない。

ボブ・フェイスと話をすると、すぐに彼のコミュニケーションのうまさが分かる。彼は顧客や投資家と誠実に向き合い、友好的で、楽観的で、自信に満ちていて、問題を解決してくれる。彼は若いころ、所有する複数の建物の管理をしていた。テナントが賃料を支払わない言い訳はいくらでもあったが、彼は相手が賃料を支払うことで得ている素晴らしい価値について説得し、必ず賃料を徴収していた。

フェイスと話をしたとき、彼は人生で身につけることができる素晴らしいスキルは、テーブルをはさんで座った相手に何かを同意させることだと言っていた。確かに、これは九〇平方メートルの部屋の賃貸契約でも、二〇億ドルの取引でも役に立つ。このとき最も大事なことの一つは、どのような立場で話をすれば相手が納得するかということで、これはどのような交渉においてもとても大事なことである。

私が仕事を始めたとき、メンターの一人が「交渉でも売り込みでも、最も強く確信している人がほぼ必ず勝つ」と言っていた。そして、そのことを私は何回も目にしてきた。私は仕事を始めて以来、大口の不動産契約や各地を巡る販売説明会や上場会社の資金調達をはじめとする高額取引にかかわってきた。しかし、良いアイデアを持っているのに目的を達することができない人たちがたくさんいた。なぜだろうか。それは、彼らが自分の会社や投資テーマの売り込み方を分かっていなかったからだ。もしかしたら、最も頭が良いのは彼らだったのかもしれないが、売り込む力が足りなかったのだ。

例えば、あなたが不動産のどの分野で働いていたとしても、二～三日もすれば「ノー」という言葉を頻繁に聞くようになる。それでも、前に進むしかない。巨人と普通の人との違いは、巨人たちは「ノー」を拒絶ではなく、わくわくするような挑戦だと受け止めることにある。巨人たちは、「ノー」の意味を理解していないのだ。ある巨人は、「ノー」は「まだ終わっていない」と同義語だと言っていた。巨人たちも一〇回以上、あるいは何年もきっぱりと「ノー」と言われ続ければあきらめるかもしれないが、最初の二～三回であきらめることはけっしてない。

セールスに関する驚くべき事実

並外れたセールスパーソンになるのは、学ぶことができる人である。なかには、人とかかわり、分かち合う才能を生まれつき持っている人もいる。彼らが自然に素晴らしいサービスを提供したり、高い要求に応えているときに本当に信じている人もいるかもしれない。しかし、実際は違う。彼らの多くは、何年も個人として練習してきたことが報われているのである。

巨人たちにインタビューして得た最大の収穫の一つは、本当に優れたセールスパーソンは、声が大きく外向的な人ではなく、内向性と外向性を必要に応じて巧みに切り替えることができる人だと分かったことである。

巨人たちの多くは目的を達成するために、状況に合わせて相手がより安心できるアプローチの仕方に変えている。そうすることで、彼らがほかの人たちに影響を与える可能性は高まっていくからだ。

コンサルティングとコーチングとトレーニングを手掛けるプロテウス・インターナショナルの創業者で、著作もあるエリカ・アンダーセンが、融通が利く人になるための三つのヒントを紹介している（フォーブス誌の https://www.forbes.com/sites/erikaandersen/2013/04/12/the-unexpected-secret-to-being-a-great-salesperson/#772e8d584455 より引用、プロテウスのサイトは、https://proteus-international.com/）。

①まずは観察　初めて会った人、特に自分の成功にとって大事な人の場合は、相手の行動をよく見る。声は大きいか、静かか、ペースは速いか遅いか、すぐに打ち解けるか、それとも慎重か。

②相手に「歩み寄る」　もし相手の行動パターンがあなたとかなり違うときは、その人と交流するときにはパターンを少し変えてみる。例えば、相手が大きな声で早口で話す人で、あなたはゆっくりと静かに話すタイプならば、少し大きな声で速く話してみるとよい。もし相手が礼儀正しく控えめな人で、あなたは友好的で形式張らないタイプならば、相手に合わせて礼儀正しくしてみるとよい。

③あなたの行動とあなた自身を混同しない　このように自分を「偽る」ことは不自然で本当の自分ではないとして抵抗感を持つ人もいる。しかし、これは何もあなたの考えや価値観を変え、虚偽の行動を促しているわけではないことを理解してほしい。融通を利かせるとは、単に行動を変えるだけのことだ。フランスから来てほとんど英語が話せない人がいて、あなたはかなりフランス語ができるときに、あなたにとって楽だからという理由で相手に英語を話すよう強要するだろうか。あなたがフランス語を話すことは、何か妥協したように感じるだろうか。

新しい人と出会ったときにこのようなアプローチを続けていると、あなたも優れたセールスパーソンや優れた経営者やリーダーの活躍の場である柔軟な人間関係のスイートスポットにいられるようになる。

WeWorkのセールスの達人

アダム・ニューマンは、私が出会ったなかで最も並外れたセールスパーソンの一人である（本書のためにインタビューした人物ではないが、私がこれまで出会ったなかで最高のセールスパーソンの一人なので、ぜひ紹介したい。私は幸運にもＷｅＷｏｒｋとのビジネスで彼と知り合い、一緒に仕事をする機会を得た）。コミュニティー型ワークスペース大手のＷｅＷｏｒｋの共同創業者であるニューマンは、二〇一〇年にオフィス空間という概念に革新と革命を起こした。

ＷｅＷｏｒｋのビジネスモデルは比較的シンプルに見えるかもしれない。この会社は家主からオフィススペースを借り、空間を小さく分けて、あらゆる人に楽しい経験を提供するようなこれまでになかった柔軟な仕事環境を作り出して、エンドユーザーに転貸している。ニューマンは、ＷｅＷｏｒｋは実は不動産会社ではないと説明する。これは、感情的に知的な起業家の世代を結び付ける意識の場だというのだ。しかし、この意識の場とはどういうことだろうか。ニューマンはこの考えに信念を持っているため、この発想を投資家に売り込むことができる。彼の主な販売スキルはこのような壮大な評価を示して資金調達につなげることなのである。

本書を執筆中に、ＷｅＷｏｒｋは四五〇億ドル相当を調達したが、この額はパブリック・ストレージやプロロギスといった世界最大級のＲＥＩＴ（不動産投資信託）を上回っている。ちなみに、ＷｅＷｏｒｋの二〇一七年の総収益は八億八六〇〇万ドルだったが、純損失は九億三三〇〇万ドルに上っていた。前年の純損失が一〇億ドル近い不動産会社が四五〇億ドル相当の資金調達を実現したのは、アイデアを売るのがとてつもなくうまい人物がいたことを意味している。

ニューマンの販売スキルを示す数多くのエピソードのなかから一つ紹介しよう。何年か前に、ニューヨークの不動産管理会社の組合がＷｅＷｏｒｋが運営する建物の前でデモをしたことがある。ＷｅＷｏｒｋでは、非組合員の契約労働者の時給がわずか一〇ドルだったからだ。

ニューマンは、サービス従業員国際労働組合32ＢＪ支部のヘクター・フィゲロア代表と面会した。フィゲロアはそのあと会見で、従業員について話すために面会したが、「人としての私たち」について話し合っていたと語った。二人は、ＷｅＷｏｒｋが現在非組合員の労働者の一部を時給一八・四六ドルで再雇用して、医療給付も行うことで合意した。

交渉終了後、フィゲロアはニューマンに組合のジャケットを贈った。ちなみに、フィゲロアが組合幹部として雇用主を評価したのは一七年間でたった二回しかない。

ニューマンの驚異的な販売力は、自分の展望を非常に効果的に紹介できることと、自分が売っているものに情熱を持っていることからきている。彼はプロとして実績を築いてきたし、高く評価されている。また、銀行から建設、そしてマーケティングまで不動産の世界を網羅する人脈を持っていて、あらゆる取引で起こり得る問題に対処できるようにしている。彼は賢くて、知識と経験も豊富だ。みんなが彼と仕事をするのは、彼のことを信用し、好きになり、リスペクトしているからである。

プレゼンテーションのスキル

不動産業界で成功するためには、コミュニケーション力が欠かせない。不動産の仕事では、企業の取締役会や都市計画委員会や住宅所有者組合などに対してプロジェクトの説明をすることも珍しくない。プレゼンテーションを行うときの自信と誠実さと明瞭さが、プロジェクトが却下されるのか、納得できる回答を提示できるまで延期されるのか、全員の賛同を得て次の段階に進めるのかを大きく左右する。

そこで、ほかの人のプレゼンテーションにおけるコミュニケーションスキルを観察するとよい。基本的なスキルは本やオンライン講座でも学ぶことができる。プレゼンテーションの達人の多くは実際にやってみて、改善すべき客観的なフィードバックをもらうことを勧めている。その場合、最善策の一つとして、トーストマスターズクラブに参加するという方法もある。

トーストマスターズ・インターナショナルは、「世界中のクラブを通じてパブリックスピーチとリーダーシップを教える非営利教育団体」である（http://www.toastmasters.org/about）。

ラルフ・スメドリーが一九〇五年に作ったプログラムを用いて、一九二四年に最初のトーストマスターズクラブが正式に発足した。現在では一四三カ国に一万六六〇〇のクラブがあり、三五万七〇〇〇人の会員がいる。クラブによって若干形式は違うが、どこも協力的で前向きな学びの経験を提供している。参加者はコミュニケーションとリーダーシップの能力を伸ばすことができ、それによって自信をつけ、人として成長できる。多少の会費はかかるが、それをはるかに上回る価値を手に入れることができる。ここでは、洗練された話し手になるための実績ある方法を学べるだけでなく、リーダーシップのスキルを学んだり、さまざまな経歴や分野の協力的な人たちとのネットワークも築くことができる。

カギとなる教え

- 人は、自分が好み、信用し、リスペクトする人と仕事がしたい。人に好かれる方法の一つは、相手に心から関心を持つこと。
- 並外れたセールスパーソンになる方法は学ぶことができる。
- 優れた販売スキルを持つということは基本的に優れたコミュニケーションスキルを持つということ。

練習問題

- ●デール・カーネギー著『人を動かす』（創元社）を読む。
- ●近くのトーストマスターズ・インターナショナル・クラブを探して入会し（https://www.toastmasters.org/find-a-club）、コンピテント・コミュニケータープログラムを終了する。

第18章

七つ目の教え――「アイデアを実行する」

私は人生を通じて、先生や年上の人たちから知識は力だと教えられてきた。しかし、私は知識は力だとは思わない。あくまで、力となる可能性があるだけだ。本当の力はそれを実行することにある。取引でも、計画でも、目的でも、解決策でも、それを実行することが大事なのだ。成功を味わうことができる夢のようなチャンスも、それを実行しなければ実現はしないのである。

分析まひ

多くの不動産投資家が、ある時点で分析しすぎたり、次のステップに進むことが怖くなったりして、身動きできなくなる。彼らは確信がなくなり、さらなる情報がなければ判断を下せないと感じるようになる。気持ちはよく分かる。ほとんどの人が、どこかの時点で経験することだからだ。アース・レダーマンは、このような不安に、注意力を高め、自分の選択肢を認識し、今を生きることで対処している。

この袋小路から抜け出す唯一の方法は、行動することである。例えば、スポーツにはこのような例がたくさんある。スタートゲートに立ったプロのスキーヤーは、あれこれ考えることはやめてゲートを飛び出さなければ失格になる。プロのバスケットボール選手は、バスケットゴールの下でチームメートがフリーになっている一瞬のチャンスにパスしなければならない。サッカーのミッドフィルダーは相手ディフェンダーが離れた瞬間、ストライカーのアイコンタクトに応えて「オフサイド」になる前にパスを出さなければならない。

数えきれないほど長い時間を練習と準備とチャンスが来たときのイメージトレーニングを繰り返すことに費やしてきた選手は、行動すべき瞬間が訪れたときに、体が勝手に必要な動きをする。これは不動産でも同じだ。

時に私たちはあと一つ大事な情報さえあれば、正しい判断ができるという考えにとらわれる。しかし、これは感情的に成熟することで乗り越える必要がある。世の中に完璧なものなどない。これは抽象的な概念で、いつの日か「完璧な取引」をまとめることができるようになるなどと思うのは無意味である。リチャード・ザイマンが言っているとおり、私たちの目的は良い取引をたくさんすることと、悪い取引があまり多くならないようにすることで、そのことをよく覚えておくこと。不動産の世界で働いていればだれでも、あのとき違う選択をすればよかったと思う取引がある。これは避けては通れない道のようだ。しかし、巨人たちはこのようなときこそ、リスクがなければリワードもないということを思い出すのである。

リチャード・マックは、準備を整えていた結果としての実行について、素晴らしい例を挙げてくれた。史上最高のアイスホッケー選手とも言われているウェイン・グレッキーが素晴らしいプレーの秘訣を聞かれて、「パックが今あるところではなく、パックが向かう先に行くことだ」と答えている。これが、予測することの効力だ。これを不動産に応用すると、実行したときに起こり得るあらゆる難題を、できるかぎり予測しておくということだ。

ザイマンは、実行した場合のリスクを軽減するために使っているテンプレートを教えてくれた。彼にとっての成功の要素は、タイミング、立地、借り入れのタイミング、需要の把握である。物件を正しいときに買うことができるかどうかによって、価値を付加して最高の利益を上げられるかどうかが決まる。また、最低でも、その物件の資産クラスの条件――市場価値、アクセス、インフラ、環境、法令順守、市場の需要などほかにもたくさんある――を満たす立地は確保したい。資本はどれくらいあって、調達が可能かどうかも重要だ。そして最後に、対象の市場がどこで、そこにあなたが提供するものの需要がどれくらいあるのかも見極めておかなければならない。

絶対的な知識を持っていなくても、ある程度の情報があれば、知識に基づいた判断を十分下すことができる。しかし、将来どうなるかはだれにも分からないため、絶対的な水準に達することなどできないし、そもそも完璧などあり得ない。

エリー・ホーンは、「成功を保証するのは次に起こることを予測する能力ではなく、それが起こったときにきちんと対応できるかどうかだ」と言う。

そこでまず考えるべきことは、さまざまなリスクをどうすれば軽減できるかということだ。巨人たちの多くがこの点に集中し、うまくいかなかった場合を想定している。また、マクロ的な検討もしておく必要がある。金利の状況はどうなっているのか、上がりそうなのか、インフレ率は安定しているのか、それとも上がりそうなのか、消費意欲は高いのか、景気は上向きなのか、それとも不況に向かっているのか。

次に、現地の経済状況について、より具体的な検討に入る。例えば、現地に店舗を持つ主要な小売りチェーンが破産申請していないか、現地の自治体が不動産の新規開発に関して増税しようとしていないのかなどといったことである。また、その地域で建設ブームが起こったら建材や建設機械の需要が急増するため、予算に悪影響を及ぼさないかなどといったことも考えておくとよい。

これらのことは、例えば、普段使いのショッピングセンターを買おうとしたときに、最大テナントのスーパーマーケットが移転を発表したなどというときは重要な検討課題と言える。また、現地の自治体が、新規開発が多すぎて、インフラ（道路、公共交通、病院、公立校ほか）

が新たな需要に適切に応えられないと考えるかもしれない。道路建設は、ショッピングセンターの毎月の収入に大きな影響を及ぼす。

あるいは、鉄鋼価格が供給不足によって三〇％も急騰することだってあり得る。そのようなときは、多目的の高層ビル建設計画を再考したほうがよいのかもしれない。

ほかにも、立地や物件自体の望ましさなどについても検討すべきことがたくさんある。例えば、あなたの投資に対する展望は近隣住民の支持を得られるのか、環境面の問題はないのか、その物件にはどのようなアクセス方法があるのか、大通りに面して入り口を設けられるのか、建設時に上下水道などの公共インフラが整っているのかなどといったことがある。

ちなみに、不動産ビジネスの基本要素はタイミングである。何カ月もかけて完璧な情報収集をしていたら、判断を下すときにはその情報はおそらくもう役に立たなくなっている。結局、集めた情報の半分は無効になるため、常に新しい情報を求めて堂々巡りをすることになって、チャンスを失うことになるだろう。

カルロス・ベタンコートは、「普通の人は、不動産は知識さえあればよいと誤解している。本を読んで、キャップレートが分かれば、どんどん儲かると思っているのだ」と言っている。しかし、実際にはすべてのデータを分析し、理解したあとに下す結論が不動産取引の成否を決める。

カルロス・ベタンコートが指摘するとおり、一流校を出たり、一流企業で働いたり、あなた

より も知能指数が高かったり、金融モデルを駆使したりする最高に賢い人たちを集めても、彼らは数式や数字やそのほかの細かい点ばかり気にして大局が見えていないかもしれない。細部のことばかり考えていると、視野が狭くなり、小さいことばかりに目が行くようになる。それよりも、巨人たちのような包括的なビジョンを持たなければならない。判断は、リターンが減り始める前で最大の知識量に近づいたときに下すべきである。これがいつかは、経験を積むほど分かるようになっていく。

例えば、ある複数世帯住宅について調べているとする。この建物は築二〇年だが、立地が素晴らしく、需要は今後も力強く伸びていくと考えられる。

それでも、いくつかの基本的かつ重要な点を検討する必要がある。最寄りのコーヒーショップやジムやバス停や地下鉄の駅やビジネス街の中心部からはどれくらい離れているのか。また、その物件を取り巻く社会的・経済的レベルや人口動態はどのようになっているか。

築二〇年なので、できる範囲で最大の値上がり益を狙って設備の更新や改修をすることになるだろう。また、借り入れをして買うならば、まずは賃料収入で返済を賄えるかどうかを計算する必要がある。

それから、設備投資は必要だろうか（もしこの建物が何年かしか使われていなければ必要）。契約時の物件の物理的な状況はどうなっているか、整地のコストは、共用部分の更新はどうなのか、機械や電気の設備修繕は必要なのか、空調設備の更新はしなくてよいのかなど考えるべきことはいくつもある。

賃貸物件を所有する場合は、リースや経営管理も行わなければならない。その場合は、リースの手助けをしてくれる経験豊富な会社を探す必要がある。もし機関投資家の出資を受けている場合は、資産管理も考えなければならない。あなたはリースと経営管理に関する専門知識を持っているのか、それをする時間があるのかといったことだ。

最終的な収益についても考えておく必要がある。この投資はどれくらいの利回りを生み出すのか、この取引はあなたが誇れる実績になるのか、あなたの全体戦略に沿っているのか、この取引のなかで将来の取引でも使えることはあるのか、規模の経済や範囲の経済は見込めるのか、このプロジェクトはあなたの資源を投入する対象として今ある最高の選択肢なのか。これらの質問はどれも大事なことで、プロジェクトを実行するならばすべてに答えられなければならない。ただ、山頂への道は一つではないことも覚えておいてほしい。

ここで、友人から聞いた実例を紹介しよう（プライバシー保護のため、友人の名前はワン・ウェイとする。取引内容も数字を変え、情報を減らして分析を単純にしている）。ワン・ウェイは、中国の不動産の巨人が経営する会社のＣＩＯ（最高投資責任者）を務めている。ある日、ＣＢＲＥ（世界的な不動産仲介会社の一つ）に勤めている信頼する友人（ここではマイクとしておく）から電話がかかってきた。

マイクはワン・ウェイに、上海の浦東地区にある約三万七〇〇〇平方メートルの倉庫兼流通センターを買わないかともちかけた。浦東は上海周辺の重要な工業地域である。提示価格は二〇〇〇万ドルだが、ワン・ウェイはこれが交渉可能な価格だと分かっている。所有者はこの物件を売却して銀行への返済に充てたいと思っているようだ。

マイクは、この物件にはテナントが三社入っているため、購入後は建物に多少の設備投資をして少しずつ賃料を上げていくよう勧めている。この地区の稼働率は九七％と非常に高い。ただ、この地区には現在建設中の物件はほとんどないが、未使用の区画がいくつか残っている。これは参入障壁が思ったほど高くないということで、良いことではない。

提示価格は、一平方フィート当たり五〇ドルだ。ワン・ウェイの会社では同じ市場で同様の物件を所有しているため、彼はこの地域で同じような流通センターを建設するには一平方フィート当たり五〇～五三ドルかかることを知っている。ここには、土地、許認可、設計と設備、建設、リースと開発、資金調達、それ以外の開発にかかわるすべての費用や手数料が含まれている。

ワン・ウェイは、堅調な市場（需要が供給を上回っている市場）で既存の不動産が代替コスト以下ならば、買うべきだと分かっている。

さらに、マイクはこの物件の現在の営業利益が二二〇万ドルなので、キャップレート（利回り）は一一％になることも伝えた。ワン・ウェイもマイクも浦東の同等の物件のキャップレートは八～九％だと知っており、この物件は相場よりも二〇〇～三〇〇ベーシスポイント安いと

表18－1　浦東の倉庫を買う場合のメリットとデメリット

メリット	デメリット
需要が大きい地区の良い立地	既存のテナントが三社しかいない
優れた設計と質の高い建物	近くに広い空地がある（将来の競争リスクがある）
築年数がわずか七年	設備投資が必要
駅から近い	道路の再舗装が必要
信用力があるテナントが入っている	
代替コスト以下で買える	
リース契約は六年で満了する	
高いリターン	
積極的な売り手（締結する可能性が高い）	

いうことになる。

この案件のメリットとデメリットを**表18－1**にまとめておく。

ワン・ウェイはこの市場について知識があり、上海ですでにいくつもの工業不動産の取引を行っていたため、これが平均以上のリターンをもたらし、リスクも最低限の魅力的なチャンスだと分かっている。そのため、電話を受けてから目論見書を読み、これは真剣に検討すべき案件だと思った。

そこで、彼はその日のうちに物件の所有者に電話をかけ、翌日に上司とともに現地を訪れる約束をとった（買いを検討するときは、必ずその物件とその市場を少なくとも一回、できれば何回か訪れてからにするということを忘れないでほしい）。

現地を見て、説明どおりであることを確認したワン・ウェイと上司は売り手と面会することにした。ワン・ウェイは提示価格で基本合意書を作成した。

彼が値引き交渉をしなかったのは、三〇日間の独占交渉権を得て競争を排除するためだ。経験豊富な不動産プレーヤーは、魅力的なチャンスがあるときはスピードが非常に重要なので、価格交渉よりも競争を排除するほうを選ぶことも多い。

基本合意書が署名され、彼は安心して購入するために、物件のデューディリジェンスに入った。

このエピソードは、買い手がほんの二～三日で十分な情報を集めることができたチャンスの例として紹介した。ただ、これができた理由の一つは、彼らが経験豊富なプレーヤーで、投資対象やその市場をよく知っていたからだということも覚えておいてほしい。

タイミング

巨人たちは、インタビューのなかで、タイミングの重要性も強調していた。

取引の実行段階では、特に二つの重要なポイントがある。買うときと売るときだ。正しいプロジェクトを正しい顧客から今のサイクルの正しいタイミングで買えば、何年もの苦労を省き、リターンに何ポイントも上乗せできる。同様に、売るときも正しいプロジェクトを正しい買い手にサイクルの正しいタイミングで売れば、同じような効果がある。つまり、みんなが買っていないときに買うことが大事なのである。言い換えれば、コントラリアン投資家になるということだ。購入や売却について検討するときはデータをできるかぎり理解し、自分がいるサイクルは今どの時点にあるかがよく分かっている人の話を聞くとよい。

自分を信じる

必要な情報がすべてそろっても、もう一つ対処すべきことがある。それがあなたの心だ（一つ目の教えを思い出してほしい）。多くの人は、たとえ最高の情報を持っていても、実行しないで終わることがある。しかし、巨人たちの多くは、素晴らしい可能性がある取引を見送ることのほうが、悪い取引を実行することよりもマシだと考える。これは絶対に正しい。ある時点で自分を信じ、できるかぎりリスクを抑えたうえで実行してほしい。

この概念を例を使って説明したい。あなたがカリブ海で友人と船に乗っていると、突然エンジンが止まってしまった。何かの残骸に当たって、プロペラが外れ、船体も損傷したのだ。海水がエンジンルームに入り込み、電気系統がすべて停止している。ラジオは持っておらず、携帯電話もインターネットもつながらない。

しかも、船内には水も食料も残っていない。海図を見ると、今いる場所は定期航路から外れているが、最後に確認した位置から約一三キロメートルのところに島がある。船はゆっくりとその島のほうに流されているが、計算すると、ある程度近くまでいくだけでも一四～一六時間かかりそうだ。ちなみに、その島には人が住んでいて、インターネットも携帯電話もつながることは分かっている。

暗くなってきたため、あなたはだれかが気づいて救助してくれることを期待して、照明弾を上げた。二時間後、二回目の信号弾を上げたが、救助は来ない。そのため、最後の信号弾はさらなる緊急事態に備えてとっておくことにした。あなたと友人は、とりあえず交代で睡眠をとることにし、一人が必ず見張りに立って、暗闇のなかを近づいてくる光がないか探すことにした。

夜が明けたが、計算すると、島まではまだ一三キロもある。あなたは、最善策は泳いで助けを求めに行くことだという結論に達した。船は一時間に約八〇〇メートルの速さで流されている。経験上、あなたは静かな海ならば一時間に一・六キロ程度泳げる。

あなたは水の流れを観察し、救命胴衣を身につけ、予備の救命胴衣とコンパスを括り付けて海に飛び込んだ。四時間後、思ったよりもずっと早く島にたどり着いた。途中の海にはサメやクラゲがいたかもしれないし、方向を間違えて島に着かなかった可能性もあったが、そうはならなかった。あなたはリスクを見極めて実行したのだ。失敗は許されず、実行して成功するしかない状況だった。これは不動産取引でも同じことで、実行して可能なリワードをつかまなければならない。言い換えれば、飛び込まなければならないのだ。

功績を上げるためには、自信と信念が必要だ。人は困難に直面すると、それまでにないような勇気と力がわいてくる。不動産投資は生きるか死ぬかといったたぐいのことではないが、巨人たちはみんなキャリアのどこかの時点で大きな失敗に直面する可能性があったときに、自分を信じることと決意することで、失敗が許されない状況を乗り切ってきたのである。

最後に

巨人たちへのインタビューとそこから得た教えから分かるように、不動産の仕事を始めてトップに上り詰めるにはさまざまな道がある。巨人たちは出身地も背景や民族性も違うし、教育水準もさまざまだが、不動産は起業家的な分野であり、あなた自身が成功の重要な役割を担っている。

不動産業界は、世界に前向きで素晴らしい影響を及ぼすチャンスを与えてくれる。職を生み出したり、美しいビルを設計したり、エンドユーザーの生活の質を向上させたり、ほかにもさまざまなことができる。

もしあなたが不動産業界で仕事をしたり、大きく成長したいと思って七つの教えを導入すれば、数カ月であなたの不動産事業の価値は大きく上がり始め、経験したことのないような成長を味わうことができるだろう。

あとは、ナポレオン・ヒルの「思い描き、信じる心があれば、実現できる」という言葉を覚えておけばよい。

成功はもうすぐ手の届くところにある。

付録A　ペンシルベニア大学ウォートンスクールのピーター・リンネマン博士との会話

本書は、不動産の分野で世界的に名高いペンシルベニア大学ウォートンスクールのピーター・リンネマン教授について触れなければ完成しない。教授は不動産の学術研究における先駆者で、全米不動産協会が選んだ業界で最も影響力が大きい二五人にも挙げられている。私が教授を大いに尊敬しているのは、何十年にもわたって不動産を研究してきたことだけでなく、実際に専門家として大型投資や実務を手掛けているからだ。不動産業界には、まるで真実のごとく意見を言う人が大勢いるが、私はあまり好まない。私は、意見は事実に基づいて述べるべきだと思っている。リンネマン教授は調査と証拠と現実の世界の事実に基づいて、洞察力のある結論を導いている。これは、本書に登場する巨人たちも同じである。

彼自身の言葉より

不動産は家業ではなかったし、目指していたことでもなかった。たまたま金融の世界から迷い込んだだけだ。ウォートンで仕事を始めたころは、借入金で会社を買うＬＢＯ（レバレッジドバイアウト。対象企業の資産を担保とした借入金による買収）を研究していた。

ＬＢＯの世界にかかわると、買収によるリターンが借入金の金利を大きく上回るため、少額の資本というリスクだけで高いリターンが得られる良い方法だと考えるようになる。

あるとき、ウォートンの当時の学部長が私に不動産に関する講義のカリキュラムを組むよう依頼してきた。

私は不動産のことはよく知らなかったが、当時やっていた研究に少し退屈していたのかもしれない。私はこの依頼を受けることにした。「分かりました。アル・トーブマンをはじめとする業界のさまざまな分野のリーダーを集めて諮問委員会を作りましょう」

その過程で、私は不動産についてトーブマンから学んだ。彼は素晴らしい先生で、素晴らしい友人になった。

トーブマンは近代的なショッピングセンターの父と呼ばれており、サザビーズの所有者としても知られている。

私は彼から多くを学び、二人で「システム」と名づけたプログラムを作った。私は少しずつ、紙袋会社のＬＢＯなどではなく、不動産会社の取引を手掛けるようになっていった。

当時、不動産取引の分野は軽視されていて、本当の意味で専門的なビジネス分野だとはみなされていなかった。

結局、私は不動産業界で仕事をするようになったが、当時は九三％という信じられないほどのレバレッジが可能だった。取引額の七％の現金だけ用意して、残りの九三％は借金でまかなうことができたのだ。

一九八〇年代末から一九九〇年代初めにかけた暴落では、百万長者や億万長者が自分のバランスシートの内容がまったく分かっていないということが判明した。彼らは、損益計算書が何かすらも知らなかったのだ。

不動産業界で私の地位が上がっていったのは、学校で習うことと実社会の経験の両方を理解していたからだ。一九九〇年代の初めから、不動産業界は劇的に変わっていった。今では、上場会社やプライベートエクイティファンドなどができ、企業分析にかかわっていた私には有望な賭けとそうでない賭けが分かる。

不動産取引

私の初めての取引は、自宅のコンドミニアムだった。これは賃貸物件だったが、私は壁を取り壊して家のようにし、大きさも倍にしたかった。しかし、こんな根こそぎ変えるような改築を両隣に承諾してもらうのは非常に難しかった。

それでも、私は隣り合った二戸を買うことができた。私が住んでいた地域で、これほど広い物件はあまりなかった。買った物件は素晴らしい投資というよりも、自由に手直しできることが魅力だった。

私の初めての大口取引は、一九九四～一九九五年にかけて行ったニューヨークのロックフェラーセンターだった。これは、一九九〇年代半ばに所有者の日本の会社が財務リストラによって売却しようとしていた抵当流れ物件だった

当時、私はある上場会社の会長職にあり、この債権を保有していた企業の会長としてこの件にかかわることになった。幸い、この会社の取締役会にはピーター・ペアソン（ブラックストーンの共同創業者）やベンジャミン・ホロウエー（アメリカ第二位の保険会社エクイタブルの会長）やゴールドマン・サックスの主要パートナーの一人を含む優れた人たちが名を連ねていた。

私は、この取引で非常に多くを学んだ。結局、大成功に終わり、ひょんなことから、賢い人は本当に賢いということも思い知った。

個人として私が「取引の達人」になることはなかった。不動産の仕事を始めて以来、私の主な貢献は、次の二つと言える。一つ目は教育面で、本の出版や教育プログラムの開発をしたことが、過去三〇年間に不動産業界が専門職として確立することを大きくあと押ししたと思っている。二つ目の貢献は多くの人にビジネス戦略を分析に基づいて考えるよう勧め、取引に用いることができる知的枠組みと用語を提供したことである。

過去に行った取引を振り返ってみると、最もお気に入りはロックフェラーセンターと、ヨー

ロッパのアトリウム・ヨーロッピアン・リアル・エステートという上場会社の案件である。後者は関係者が激しく争うことになった。この会社の清算に、機関投資家数社がかかわっていたからだ。

私は、株主を代表してリストラを主導した。案の定、多くの人が取り分を主張した。結局、この取引は追加的な二つの交渉を経て、一年かけて決着した。

私が所有していた会社の一つに、アメリカン・ランド・ファンドがあった。この会社を所有したことで、私はタイミングがすべてだと学んだ。ただ、タイミングは自分で決めることはできない。住宅価格が下がっていると感じていた私たちは、土地を投げ売り価格で買えると考えた。資本があれば、下落段階で買って回復期に売却すればよいのだ。

投げ売りが起こるという私たちの予想は正しかった。それを買うチャンスがあるという見通しも正しかった。下降期に快適性という付加価値を持たせるという戦略も正しかった。しかし、この下落の深さに関する読みが間違っていた。私の予想よりも二倍も深かったのだ。

不況は三～四年だと私は思っていたが、その時期が過ぎても平時には戻らず、土地を買ってくれる人は見つからなかった。

家を建てたい人がいないということは、買ってくれる人がいないからで、そんなときは土地がどれほど安くても売れない。

土地を売ることとアパートを所有することを比較してみよう。アパートならば、賃料を下げることで対処することができる。みんな住む家は必要なので、積極的に下げれば、いずれテナントは見つかるだろう。しかし、土地はだれかが建物を建てなければならないため、二番目の投資が必要となる。そういう意味でも土地は難しい資産で、タイミングがすべてなのである。

結局、三年でできると思ったことに一〇年かかり、その分のコストがかかった。私は、ときどき土地に投資するときに借り入れをすべきか聞かれるが、私の答えは「ノー」だ。土地に投資するのならば、レバレッジはできるかぎり低くし、最高でも三〇％に抑えてほしい。

更地を買うときでも、住宅価格の変動が土地の価格にも影響する。もし住宅価格が下がっていれば、あなたの土地の価格も下がり、住宅価格が上がっていれば、あなたの土地もその恩恵を受ける。このことだけでも十分なレバレッジとリスクと言える。

そこにレバレッジの二層目を加える必要はない。それをすれば、破綻への道につながる。

残念ながら、多くの仲間が欲張ってたくさんの土地を手に入れようとして多額の負債を抱えたが、転売に予想以上の時間がかかって投資額を失っている。

私たちは、忍耐があったこととレバレッジではなく現金を使っていたため、まだこの仕事を続けられている。

みんながこのような巨額取引をしているわけではないことは分かっている。多くの人は九時～五時勤務の普通の人たちで、それならば分散戦略を用いるべきである。

不動産に投資するために多少の資金をかき集めることができるならば、ＲＥＩＴ（不動産投資信託）を買うとよいだろう。例えば、一〇ドル相当のアサインメント、一〇ドル相当のエクイティ・レジデンシャル、一〇ドル相当のリージェンシー、一〇ドル相当の気骨のあるサプライチェーン会社（例えば、プロロジス）などを買うのだ。しっかりと管理されているし、素晴らしいポートフォリオで、非常に分散されており、高いリターンが期待できる。私は、これらのREITを開発グループよりもはるかに信頼している。

その一方で、長期的なキャリアを目指すならば、大手企業（リレーテッド、ブラックストーン、スターウッド、サイモンほか）に入り、仕事を熟知している人たちの近くで経験を積むことを勧める。だれでも知っているような会社である必要はないが、安定したブランドを持ち、経営者が仕事を理解している会社を探してほしい。

理由は三つある。一つ目は、最初から自己資金で間違う代わりに、他人の資金を使うことができるからだ。仕事を始めたら、どこかの時点で間違いを犯し、みんなに避けられるようになる。そして、自分のお金を失うことになる。しかし、大手企業に勤めていれば、すでにその間違いをした人がいるため、あなたが同じことをしようとしたら止めてくれる。そして、なぜそれが間違いかを学ぶことができる。

二つ目は、うまく運営されている会社を観察できることだ。

三つ目は大手企業がどんなことをしているかを知ることができることだ。大手企業は、いくつかのことを素晴らしく実行したから大きくなった。そこで働くことで、彼らが何が得意かを知り、その分野に集中特化することができる。もしあなたが起業家タイプだったり、小さな会社で働きたかったりする場合でも、大手企業のやり方を見れば、あなたがいずれ起業する小さな会社で、大企業がうまくできていない部分を避け、うまくできている部分をまねすることができる。

次の世代

もしあなたが若くして不動産業界に入ろうとしたら、どうすればよいのか。映画などで、マシンガンを分解し、それを目隠しして組み立てる場面を見たことがあるだろうか。あなたがエクセルを使って運営するときも、それくらいのレベルを目指してほしい。不動産の仕事では、スプレッドシートの達人になる必要がある。エクセルを使いこなせるようになるほど、数字を理解し、この世界でうまくやっていけるようになるからだ。プレゼンテーションで見栄えがする方法も学び、ほかの人が見てすぐに理解できるモデルを構築できるようになってほしい。

あなたの上席者たちは自ら金融モデルを作ろうとはしない。それは彼らの時間の効率的な使い方ではないが、あなたにとっては足掛かりをつかむ素晴らしい方法だ。ほかに必要なスキルは、読み、勉強し、話を聞き、自分の取引を熟知することだ。市場や供給や需要の原因について読み、あなたの会社が上場会社でなくても、主要なプレーヤーがだれかを理解する。また、彼らの成功は勢いに乗っただけのものか、それとも競合他社とは違う何かをしているのか、でたらめのＰＲが功を奏しているだけか、それとも本物かを見極める。ほかにも、対象の市場に足を運び、だれが何を何のために貸しているかを見てくるとよい。

そして、自分の地域やあなたがかかわる市場の専門家になる。知識は幅広さよりも深さのほうが常に勝る。どこに行っても、不動産に注目するチャンスがある。会議で訪れたビルでは、周りを見回し、なぜロビーがそうなっているのか聞いてみるとよい。間取りはどうすれば改善するか、どのような建材が使われているか、天井はなぜその高さなのかなどといったことも考えてみてほしい。

知的好奇心を持ち、異なる不動産がどのように結びついているかを考えるのだ。

もし倉庫に興味があるならば、小売業界で何が起こっているかを調べるとよい。あなたの地域の小売業が倉庫や業界の特定のセクターに影響を及ぼすからだ。ちなみに、新聞に書いてあることの一〇〇％が真実というわけではない。ほとんどの記事は、情報を提供するためではなく、注目を集め、読者を引き付けるために書かれている。

新聞記事をうのみにしないことに加えて、仕事を始めて最初の五～七年は、一緒に働く人を吟味してほしい。良い先生となってくれる人を選ぶということだ。ただ、そうは言っても大学教授のなかから選ぶということではない。これは、知識を伝えたり、知恵を授けてくれる人を選ぶということで、無名の人でもよい。こういう人にはメンターになってもらうこともできる。なかには、本能的に優れた先生になる人もいる。こういう人は、自分がしていることを伝え、自分の疑問や答えや経験を教えてくれる。学ぶ気持ちを持って、同じ価値観を持った人たちと働いてほしい。

もし長く勤めたいと思うならば、離職率が高い会社は避けたほうがよい。さらには、あなたの考え方や家族のスケジュール、あなたのライフスタイルに合った会社を選んでほしい。ただ、これらのことも大事だが、最も不可欠な要素は考え方で、それは知的好奇心から始まる。

私の知る範囲で最も成功している人たちは、多くが本や資料をたくさん読んでいる。彼らは常に新しい知識や情報を求めている。彼らは、それぞれ異なる点で優れているが、データの解釈と投資している地域の不動産セクターを分析することの両方において、得意分野を持っている。彼らの共通点は、全員が優れた分析スキルを持っていることである。

分析能力は偉大さを生み出す。このビジネスにおける成功は常にデータに基づいている。

悪いパターン

私が犯したよくある間違いは、一定レベルに達していない相手と組んだことである。私は、相手が資本を持っていないことを分かっていたし、処理能力がないことも分かっていたし、心の奥底で専門知識も持っていないことも分かっていた。

それなのに、なぜ契約してしまったのだろうか。

理由の一つは、新しい相手にチャンスをあげようと思ったことだが（手を差し伸べて相手をレベルアップしてパートナーにしようと思っていた）、残念な結果になった。これは、特に社員に対してよくある。自分の仕事で素晴らしい成果を上げた社員を昇進させ、次のレベルに進むチャンスを与えるためと、やればできるということを分からせるために成長チャンスを与えたものの、そこまでの力はなかった場合である。そして、結局、「人はその人が持っている能力のレベルまでしか昇進できない」（ピーターの法則）ということになる。

不動産には、ほかにも大きな間違いがたくさんあるが、そのなかの一つであるレバレッジ過多は、実はリスク評価の間違いである。社員やパートナーに関する間違いは、信頼すべきでない人を信頼したことによって起こることで、どちらかと言えば人に関する間違いと言える。

ヒーロー

私にとってのヒーローの一人がルシル・フォードである。この原稿の執筆時点で九六歳になる彼女が、もしオハイオ州ではなくニューヨークに住んでいたら、だれでも名前を知っている伝説の人となっていただろう。

彼女は一九四六年にノースウエスタン大学でＭＢＡ（経営学修士）を修得した。当時、女性では珍しいことだった。彼女は家業を営み、その後売却し、経済学の博士号を修得して教え始め、のちにアッシュランド大学の学部長になった。

私は自分に厳しい質問をすることと、質の高い人生を送ることについて、彼女から最も多くを学んだ。人はだれも想像し得ないところまで行けるということを彼女は自ら証明したのだ。この言葉が私を奮い立たせ、キャリアを積んでいくことができた。

また、私はミルトン・フリードマンの下で学ぶという恩恵も受けた。一九〇〇年代の三大経済学者の一人である彼からは「経済は政府よりも市場に従うこと」を学んだ。シカゴ大学で私の指導教官だった彼とは、そのあと親しい友人になった。

私の三人目のメンターはアル・トーブマンだ。不動産業界の大物で、近代的なショッピングセンターの父と呼ばれている優れた人物である。彼は私に不動産のことだけでなく、ビジネスの仕方についても教えてくれた。

教え

ぜひ覚えておいてほしいことの一つは、私がマット・リドレー著『繁栄――明日を切り拓くための人類10万年史』（早川書房）から学んだことで、愛され、愛し、生産性を高めるということである。

読者が本書と、ここに書かれている原則から学ぶことを非常に楽しみにしている。ただ、それと同時に、仕事を始めたときの気持ちを忘れないでいてほしい。そうすれば、みんなと協力することができる。

世界をより良い場所にしてほしい。そして、悪徳不動産業者としてではなく、素晴らしい不動産業者として記憶されるような人になってほしい。

付録B　付加価値に関するケーススタディー

本書を通じて、不動産の最高の投資戦略の一つは付加価値を持たせることだということは明らかだと思う。付加価値を与えるチャンスはあらゆるところにあるし、アメリカやイギリスのような先進国のほうがむしろ多いとも言える。これは、周辺を歩いたり、車で回ったり、不動産業界のブローカーや友人と話したり、ネットで検索したりと、さまざまな方法で見つかる。この方法は、物件の管理方法を改善して価値を上げることで、稼働率を上げる、運営経費を下げる、賃料を上げる（相場よりも低い場合）、使用していない空間を活用して新たな収入源を生み出すなどさまざまな方法がある。資産は、ＮＯＩ（営業純利益）を増やせば価値が上がる。付加価値アプローチは、立地が良いのに稼働率が低いリース物件や回転率が極めて高いリース物件を買う目的にもなり得る。ただし、代替コスト以下で買うことを重要な基準として覚えておいてほしい。

付加価値アプローチは多少のリスクはあるが、許認可リスクや建設リスクといった二大リスク（特に、この業界で二～三年の経験しかない人にとって）の心配はない。付加価値アプローチの「建設」リスクの多くは、設備の改修など（例えば、壁、テラスの改修）といった簡単なリノベーションや構造的な補修や部分的な塗装などが含まれる。周りに経験豊富な専門家を配

図A2－1　アルタビスタ147

して、正しい動機付けをすれば、これらのリスクは十分管理できるだろう。

ケーススタディー――アルタビスタ147（メキシコ・メキシコシティ）

投資テーマ

大手不動産開発会社のソー・アーバナは、メキシコシティ南部の目抜き通りにあるショッピングセンターについて、客足が遠のいてはいるが、独自の潜在性を秘めていると考えた。ソー・アーバナの所有者たちはこのショッピングセンターのなかや周辺や通りなどを歩き回り、全体の九〇％が賃貸契約済みだが、実現されていない利益チャンスがあると気づいた。この物件は、設計が効率的ではなく、収益につながりそうな使われていない空間があり、来客数が少なく、テナントは高級店しかなかっ

図A2－2　アルタビスタ147周辺の商業店舗

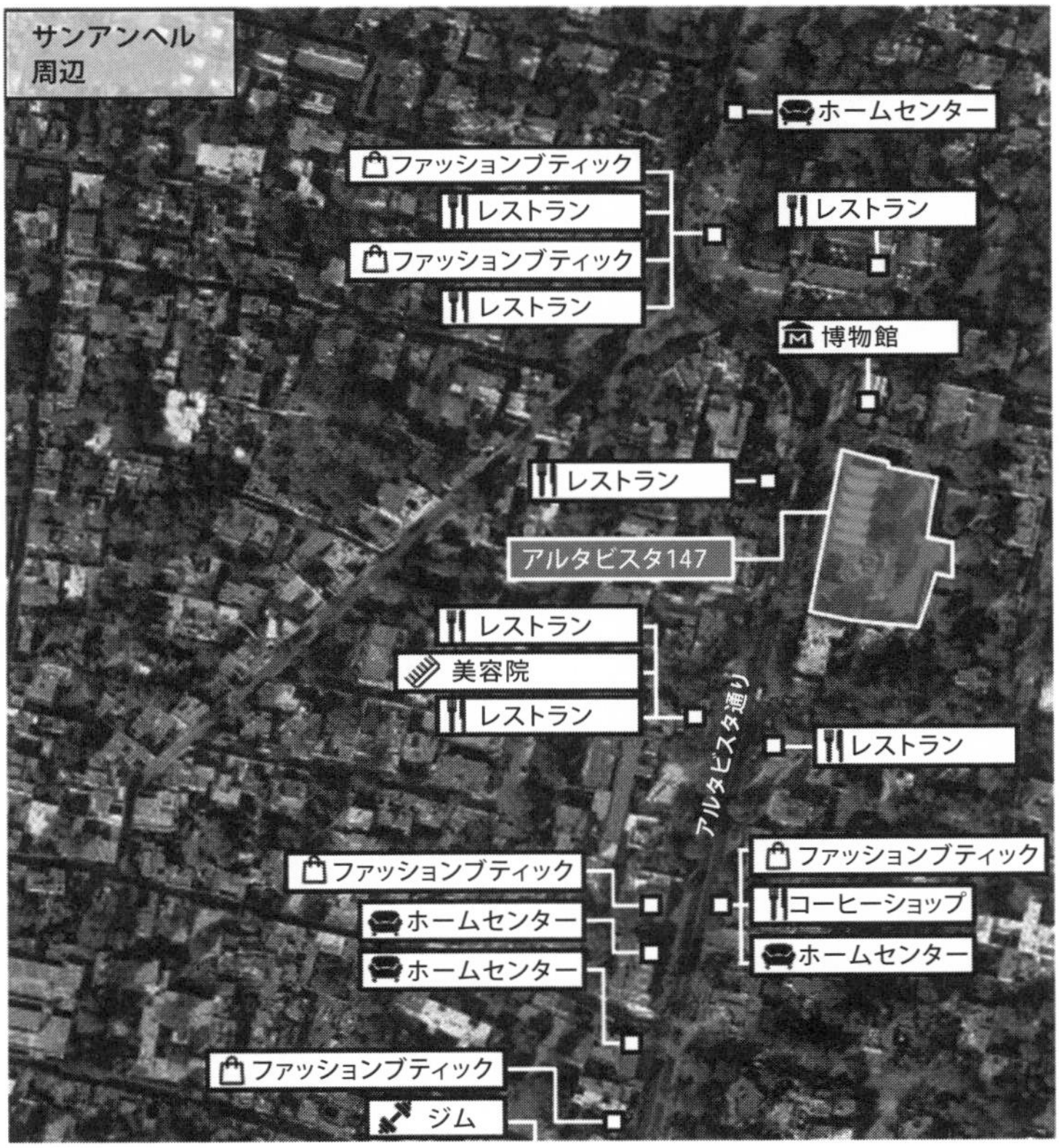

た（素晴らしいテナントではあるが、大勢の客を集めることはない）。

ソー・アーバナは売り手と接触し、友好的な関係を築き、すぐに独占交渉権を得た。そして、徹底的なデューディリジェンスを行うと同時に、同社の幅広い小売店のネットワークと運営経験を駆使して、この物件の再開発戦略を立てた。
　買収後のソーの戦略には次のようなことが含まれていた。

●厳選したテナントの賃料を見直して相場まで引き上げる（ソー・アーバナの調査によると、賃料が相場よりも安かった）。これには時間と交渉力が必要。
●人気がないテナントの出店を断り、来場者を増やす。新たに、食品と飲料の大手有名アウトレットと専門性の高いフィットネスセンターを誘致し、ショッピングセンターの営業時間を長くして人出を増やす（営業時間が長くなれば売り上げも増える）。
●顧客にほかとは違う独自の経験を提供するという概念を残しつつ、賃貸可能空間を最大にするための改修を行う。
●前所有者の経営の非効率性をなくし、質とサービスのレベルを落とさずに営業費用と維持費を下げる。
●新たに駐車場運営業者と契約し、顧客サービスを改善する。
●最低限の投資額で賃貸可能面積を三三％増やす。

実現リターン

	購入時	現在のパフォーマンス
レバレッジ込みIRR（内部収益率）	17.4%	40.5%
YOC（イールド・オン・コスト）	10.0%	16.3%

投資結果

投資結果は次のようになった。

テナント全体の売り上げは、三年間で四〇％増えた。ソー・アーバナの再開発戦略を導入したあとの二〇一八年一一月時点で、購入時にすでに九〇％の稼働率で安定していたこの資産の営業純利益は、三年間で三〇〇％増加した。

用語集

次に、不動産のさまざまな分野で知っておくべき重要な用語を載せておく。ただし、これが知っておくべき重要な用語や定義のすべてというわけではない。

ＥＢＩＴＤＡ（EBITDA）　利払い前・税引き前・減価償却前利益。企業の業績を測る方法の一つで、調達や会計や税金を考慮しないで評価している。

ＦＦＯ（Funds from Operations、FFO）　ＲＥＩＴ（不動産投資信託）からどれだけのキャッシュフローが得られているかを示す指標。利益に減価償却費と償却費を足した値から売却益を引いて算出する。

ＩＯローン、インタレスト・オンリー・ローン（Interest-only Loan、IO Loan）　借り手は、一定期間（たいていは五～七年）は毎月、住宅ローンの金利のみを支払うローン。その期間が過ぎると、多くの借り手は借り換えるか、一括返済するか、元本の返済を始める。

ＩＰＯ、新規株式公開（Initial Public Offering、IPO）　株式を公開して、公開市場で機関投資家や一般投資家に株を売却すること。通常は一社以上の投資銀行が引き受け、一つ以上の証券取引所で上場するための準備を行う。

ＩＲＲ、内部収益率（Internal Rate of Return、IRR）　収益率の評価方法の一つで、外部要因（資本コスト、インフレほか）を除外して算出する。ＤＣＦ（割引キャッシュフロー）利益率とも呼ばれている。

ＬＴＣ、返済比率（Loan-to-Cost、LTC）　不動産建設における借入金と事業費の比率。完成までの事業費が一億ドルで、六〇〇〇万ドルを借り入れた場合は六〇％となる。事業費には、土地代、人件費、建材費、ソフトコストの多くが含まれている。

ＬＴＶ、総資産有利子負債比率（Loan-to-Value、LTV）　借入金と評価額または売却額（低いほう）の割合。例えば、一〇万ドルの家を買うときに資金の六〇％を借り入れた場合は六〇％となる。

ＮＯＩ、営業純利益（Net Operating Income、NOI）　商業不動産投資の分析に使う値。その物件から得られる総収入から必要と思われる運営費を引いて算出する。NOIは税引き前の数字で、ローンの元利返済額や設備投資額、減価償却費や償却費は含まない。例えば、年間の収入が一〇万ドル、運営費が二万七〇〇〇ドルの物件のNOIは、一〇万ドル－二万七〇〇〇ドル＝七万三〇〇〇ドル。明細は次のようになっている。

総収入		**運営費**	
賃貸料	八万六〇〇〇ドル	維持費	一万五〇〇〇ドル
駐車場収入	一万〇〇〇〇ドル	管理費	四〇〇〇ドル
広告収入	二〇〇〇ドル	資産税	三〇〇〇ドル
不随収入	二〇〇〇ドル	財産保険	三〇〇〇ドル
		営業費	二〇〇〇ドル
営業利益合計	一〇万〇〇〇〇ドル	運営費合計	二万七〇〇〇ドル
純営業利益	**七万三〇〇〇ドル**		

NPV、正味現在価値（Net Present Value、NPV）　投資先の残存期間のすべてのキャッシュフロー（プラスもマイナスも）を現在価値に割り引いた値。NPV分析は、不動産関連の会社やポートフォリオやプロジェクトの価値を評価するための方法。

ＲＥＩＴ、不動産投資信託（REIT）　収益を生む不動産を所有し、多くの場合はそれを運営もしている会社。商業オフィス、ショッピングセンター、集合住宅、倉庫、ホテル、病院など、さまざまなタイプの商業不動産を所有している。ＲＥＩＴとして認められるためには、当局のガイドラインを満たす必要がある。ＲＥＩＴの多くは主要な証券取引所に上場されており、投資家に流動性のある不動産投資の機会を提供している。

エクイティ（Equity）　株式部分。エクイティが大きければ、それを使って資金を調達できるため、金銭的な柔軟性が増す。例えば、銀行から二五〇〇万ドルを借りて五〇〇〇万ドルのビルを買えば、所有権は二五〇〇万ドル。

借り換え（Refinancing）　既存のローンを新しいローンに乗り換えること。通常は、それをすることによって金利が下がったり、返済期間が変わったりするなど、借り手の条件が改善する。借り手は、借り換えによって現金を得ることで、購入した資産やポートフォリオへの当初の投資額の一部を回収することもできる。

基本合意書、ＬＯＩ（Letter of Intent、LOI）　二人以上の当事者間で、一つ以上の契約の概要を記した書類。条件規定書や覚書と似ている。ＬＯＩは、リース契約、合弁事業のパートナーシップ契約、買収ほかで使われている。

キャップレート（Capitalization Rate、Cap Rate） 利回り、イールド・オン・コストともいう。商業不動産で使われている卓越した概念。基本的には、物件が生み出す収入によるリターン。投資のキャップレートは、物件の純収益を、物件の現在の市場価値か購入費用で割って算出した値。公式は次のとおり。

キャップレート＝年間の純収益÷物件の価値

●ホセが毎年九〇〇〇ドルの純益を期待して一〇万ドルでアパートを買おうとすると、この投資のキャップレートは九・〇％になる（九〇〇〇ドル÷一〇万ドル＝九・〇％）。

●X社が年間六〇〇万ドルの純益を期待してオフィスビルを一億ドルで買いたいとする。この投資のキャップレートは、六・〇％になる。

共益費、CAM（Common Area Maintenance、CAM） 商業不動産を運営するために所有者が支払う費用。通常、共用部の清掃費、警備費、資産税、保険料、修繕費、維持費などが含まれている。

近隣類似物件（Comparables、Comps）　資産価値を判断するために参考にする最近売却された類似の資産。最近売却された類似の資産は現在の市場価格を反映しているため、売却可能価格の良い指標になる。この手法は、物件を初めて販売するときに使われることが多い。物件の価値を判断する数通りの方法の一つ。

空調設備（HVAC）　冷暖房、換気、湿度調整などの設備。新たに建物を建設するときに必要な業界標準となっている。

建設ローン（Construction Loan）　不動産プロジェクトの建設費として企業に貸し出される短期ローン。貸し手はプロジェクトの進行と合わせて定期的に融資していく。建設ローンは、リスクが多少高いと考えられているため、通常のローンよりも金利が高めに設定されていることが多い。

固定金利住宅ローン（Fixed-Rate Mortgage）　住宅ローンの一種で、貸付期間の金利が変動しない。

権原保険（Title Insurance）　物件の所有権に関する問題によって生じる損失から、買い手（所有者の保険契約）や貸し手（貸し手の保険契約）を保護する保険。

最終手続き（Closing） 物件やポートフォリオの売却契約を締結するための会合。ここでは、買い手と売り手が最終文書に署名し、買い手が契約金と契約手数料を支払う。

差し押さえ（Foreclosure） 借り手がローンのデフォルトにより所有権を失った物件に対する法的手続き。通常は、物件の競売が行われ、売上金はまずはローンと金利の返済に充てられる。

商業不動産（Commercial Real Estate） 収益を生む物件。このなかには、オフィスビル、産業集積地、物流センター、医療センター、ホテル、ショッピングセンター、小売店、農地、集合住宅、倉庫、車庫などが含まれている。

商業不動産担保証券、ＣＭＢＳ（Commercial Mortgage-Backed Security、CMBS） 不動産担保証券の一種で、住宅用不動産ではなく、商業用不動産担保ローンを裏付け資産としているもの。ＣＭＢＳは複雑な証券で、さまざまな市場参加者がかかわっている。このなかには、サービサー（債権回収専門業者、プライマリー、マスター、スペシャル）、投資家、格付け機関、受託者などが含まれる。参加者は、ＣＭＢＳが正しく機能するようそれぞれが異なる役割を担っている。

スエットエクイティ（Sweat Equity）　物件の新規開発や再開発をするときに、現金ではなく労力やサービスなどを提供すること。労力を提供した人は、その代わりに所有権の一部を受け取る。

ソフトコスト（Soft Costs）　資産を良い状態に維持するためにかかる費用。建設費、技術料、弁護士費用、会計費用、許認可費用、開発費、建物の保守管理費、保険、警備費ほかの費用。新規開発の場合は、ソフトコストだけでなく、土地代やハードコストもかかる。

代替費用（Replacement Cost）　不動産を再調達するためのすべての費用。土地代、ハードコスト、ソフトコストなどが含まれる。

中心業務地区、ＣＢＤ（Central Business District、CBD）　市中の商業とビジネスの中心地。金融街と呼ばれることもある。

定期借地契約（Ground Lease）　建物を建設するテナントに、通常五〇～九九年の期間で、その土地を賃貸すること。この契約は、土地の所有者と、土地以外の所有者を明確にしている。

デューディリジェンス（Due Diligence）　対象の物件やポートフォリオや会社に関して提示された事実が正しいかどうかを確認するために、事実を調査したり監査したりすること。不動産の場合は、基本的な情報（法的文書、税構造、必要な場合はリース契約、債務、マーケット情報ほか）がすべて整っていることを確認するために行う。

転売、フリッピング（Flipping）　長期的な値上がりを期待するのではなく、短期間で転売して利益を上げるために資産を買うこと。住宅に関して使われることが多い。

投資倍率（Equity Multiple）　投資先から受け取った現金配当を投資総額で割った値。例えば、あるプロジェクトに一〇〇万ドル投資して、このプロジェクトから受け取った現金が一六〇万ドルならば、投資倍率は、「一六〇万ドル÷一〇〇万ドル＝一・六〇倍」となる。投資倍率が一・〇倍未満だと、収入が投資額を下回っていることになり、一・〇倍を超えていれば投資額以上の収入を得たことになる。

トリプルネットリース（Triple Net Lease）　テナントが資産のリースにかかわるすべての費

用を負担するリース契約。そのため、テナントは賃貸料に加えて、共用部の維持費や固定資産税、建物保険なども支払う責任がある。

入札合戦（Bidding War） 物件やポートフォリオに対して、二人以上の購入希望者が所有権を争って入札額を競り上げていくこと。

値上がり（Appreciation） 経済成長やインフレなどのマクロ状況や、そのほかのさまざまな理由によって物件や不動産ポートフォリオの価値が上がること。逆は値下がり。

値下がり（Depreciation） マクロ状況やそのほかのさまざまな理由によって物件や不動産ポートフォリオの価値が下がること。逆は値上がり。

ハードコスト（Hard Costs） 建物と固定設備の物理的な建設費用。これは、建物の構造、地形、作業、建材、そのほかの建設設備などによって決まる。敷地については、公共設備、備品、空調設備、舗装、整地などが含まれる。地形にかかわることは意匠図に基づいて、芝、木、根覆い、施肥などが含まれる。ハードコストの内容は国によってかなり幅があるが、世界的な都市（例えば、ロンドン、香港、東京、サンフランシスコ、ニューヨークなど）では高くなる傾向がある。

不動産取引業者（Real Estate Agent） 認可を得て、不動産取引（購入、売却、リース）を仲介したり、交渉の手伝いをする専門家。通常、代理店の収入は手数料のみなので、顧客を助け、取引を成立させる能力が収入を大きく左右する。

メザニン融資（Mezzanine Financing） ハイブリッドファイナンスの一種で、シニアローンと株の中間に位置し、デフォルトした場合にはシニアローンの返済後に、株に転換する権利が与えられる。貸し手にとってはリスクが最も高く、金利は通常一二～二〇％だが、その一方で潜在リターンも高い。例えば、不動産投資会社が一億ドルのビルを買いたい場合、シニアローンでは総額の六〇％に当たる六〇〇〇万ドルしか借りられず、残りの四〇〇〇万ドルを出資したくない場合、メザニン融資で一五〇〇万ドルを借りることができれば、合わせて七五〇〇万ドルを借り入れることができるため、自己資金は二五〇〇万ドルですむ。これによって、買い手は出資額を減らして潜在リターンを増やすことができるが、取引のリスクは高くなる。

融資契約（Loan） 借金の担保として貸し手に財産の提供を約束する法的文書。州によっては、住宅ローンの代わりに第一信託証書を使う場合もある。

容積率（Floor-to-Area Ratio、FAR）　建物の現在の床面積または使用可能な床面積と、敷地面積の関係。床面積を敷地面積で割って算出する。例えば、一〇〇〇平方メートルの土地で容積率一〇〇％ならば、床面積一万平方メートルの建物を建てることができる。世界各地の政府が、市街化調整区域の容積率を規制している。

割り引きキャッシュフロー（Discounted Cash Flow、DCF）　不動産投資で幅広く使われている資金の時間的価値を使ったプロジェクトの評価方法。将来のフリーキャッシュフロー予測を年率で割り引いて現在価値を推定する。物件やポートフォリオに支払うべき金額を判断したり、特定のプロジェクトが良い投資かどうかを判断したりするために役立つ分析方法。ただ、この分析の精度は推定に使うデータの精度によって決まるということを忘れてはならない。

リース（Lease）　不動産の賃貸契約を含む法的契約。例えば、住宅を借りたい人はリース契約を結び、そこには毎月の家賃、支払期日、リース期間、そのほかの重要な条項が記されている。家主は、賃借人が居住する前に署名を求める。リース期間は通常、住居用は一年、商業用はそれよりも長く（かつ複雑で）三～一〇年のことが多い。

リコースローン（Recourse Loan）　住宅ローンの一種で、借り手が返済できなくなり、物件の価格が返済額を下回っているときに、貸し手は損害賠償を求めることができる。リコースローンの貸し手は、デフォルトの場合は担保をすべて差し押さえることができる。借り手にとって、リコースローンはどのような場合でも勧められない。

流動性（Liquidity） 資産を、市場で価格に影響を及ばさずにどの程度素早く売買できるかということ。最も流動性が高い資産は現金と考えられており、不動産は通常、流動性が低いと考えられている。

ロスファクター（Loss Factor） 賃貸または売却が可能な部分と使用可能な部分の差の割合。ビルの売却可能部分が五〇万平方メートルで、使用可能部分が四〇万平方メートルならば、ロスファクターは二〇％。

ロックアップ期間（Lock-up Period） 投資家が株を取引したり売却したりできない期間。不動産投資では、この期間が投資先の流動性が低いと考えられる時期に、投資家や貸し手の流動性の問題を回避する助けになる。

七つの教えのまとめ

一．強い心を持つ

「心と関連する技術のバランスについては、心のほうがはるかに重要」――ロヒット・ラビ

二．だれよりもよく働く

「勤勉さなくして成功はない」――ジーナ・ディエス・バローソ

三．重点的かつ明瞭に

「明確な目的と戦略を持てば、素晴らしい成功を経験することになるだろう」――ロバート・フェイス

四．知識と数値に基づいて考える

「不動産では数字を理解することが絶対に欠かせない」――ロバート・タウィリガー

五．優れた人たちが周りにいるようにする

「謙虚になり、周りの人たちが自由に発言し、必要なインプットをしてくれるようにしておく」――リチャード・マック

六．並外れたセールスパーソンになる

「相手が一緒に仕事をしたいと思うような人間になれば、結果は自然についてくる」――ジョセフ・シット

七．アイデアを実行する

「不動産で成功するための秘訣の一つは、とりかかることと実行すること」――アース・レダーマン

エレーズ・コーエンが勧める金融モデルと取引の投資分析ツールを独習できるプログラムのリアル・エステート・ファイナンシャル・モデリング（RETITANSと入力すると25%オフで受講できる）

■著者紹介

エレーズ・コーエン（Erez Cohen）

不動産投資管理と開発を手掛ける会社の共同創業者兼共同CEO（最高経営責任者）。彼は延べ110万平方メートル以上、金額にして35億ドルを超える不動産の購入や開発に直接携わってきた。また、ソー・アーバナやアポロ・リアル・エステート・アドバイザーズ、カーライル・グループ、エバーコア・パートナースなどで投資の仕事をしてきた。ほかにも、不動産業界で13年以上、住宅、店舗、オフィス、ホテル、多目的建物などの公共取引や民間取引にかかわってきた。さらには、スタートアップのアドバイザーやたくさんの起業家や不動産専門家のメンターも務めている。現在は、アーバンランド・インスティチュートと２つの非営利団体の理事を務めている。マンハッタン大学を優秀な成績で卒業後、ペンシルベニア大学ウォートンスクールでMBA（経営学修士）を修得した。仕事を通じて、数々の賞を受けており、このなかにはアーバンランド・インスティチュートのライジング・スター・アワード、ウォートンスクールのバックスバウム・メモリアル・フェローシップなどが含まれている。コーエンのソーシャルメディア（Facebook「theErezCohen」、LinkedIn「Erez Cohen」、Twitter「theEreCohen」、Instagram「theErezCohen」、YouTube「ErezCohen」、Facebook Group「https://www.facebook.com/RealEstateTitansLive/」）。

■監修者紹介

長岡半太郎（ながおか・はんたろう）

放送大学教養学部卒。放送大学大学院文化科学研究科（情報学）修了・修士（学術）。日米の銀行、CTA、ヘッジファンドなどを経て、現在は中堅運用会社勤務。全国通訳案内士、認定心理士。『先物市場の高勝率トレード』『アセットアロケーションの最適化』『「恐怖で買って、強欲で売る」短期売買法』『トレンドフォロー戦略の理論と実践』『フルタイムトレーダー完全マニュアル【第３版】』『アルゴトレードの入門から実践へ』『M＆Ａ　買収者の見解、経営者の異論』『指数先物の高勝率短期売買』『アルファフォーミュラ』『素晴らしきデフレの世界』『バフェットとマンガーによる株主総会実況中継』『行動科学と投資』『出来高・価格分析の実践チャート入門』『配当成長株投資のすすめ』『ワイコフメソッドの奥義』のほか、訳書、監修書多数。

■訳者紹介

井田京子（いだ・きょうこ）

翻訳者。主な訳書に『トレーダーの心理学』『スペランデオのトレード実践講座』『トレーディングエッジ入門』『千年投資の公理』『フィボナッチブレイクアウト売買法』『ザFX』『相場の黄金ルール』『トレーダーのメンタルエッジ』『破天荒な経営者たち』『バリュー投資アイデアマニュアル』『FX 5分足スキャルピング』『完全なる投資家の頭の中』『株式投資で普通でない利益を得る』『金融版 悪魔の辞典』『バフェットの重要投資案件20 1957-2014』『市場心理とトレード』『逆張り投資家サム・ゼル』『経済理論の終焉』『先物市場の高勝率トレード』『トレンドフォロー戦略の理論と実践』『T・ロウ・プライス――人、会社、投資哲学』『行動科学と投資――その努力がパフォーマンスを下げる』（いずれもパンローリング）など、多数。

2020年12月2日　初版第1刷発行

ウィザードブックシリーズ304

不動産王
——世界の巨人たちから学ぶ成功のための七つの教え

著　者　エレーズ・コーエン
監修者　長岡半太郎
訳　者　井田京子
発行者　後藤康徳
発行所　パンローリング株式会社
〒160-0023　東京都新宿区西新宿7-9-18　6階
TEL 03-5386-7391　FAX 03-5386-7393
http://www.panrolling.com/
E-mail　info@panrolling.com
編　集　エフ・ジー・アイ（Factory of Gnomic Three Monkeys Investment）合資会社
装　丁　パンローリング装丁室
組　版　パンローリング制作室
印刷・製本　株式会社シナノ

ISBN978-4-7759-7273-1